医药职业教育创新示范教材

医药电子商务

专业入门手册

主编 刘红磊

中国医药科技出版社

内 容 提 要

本书是医药职业教育创新示范教材之一。作为一本写给医药电子商务专业新生的入门指南，分别对医药电子商务专业相关行业有关职业的岗位职责、就业前景、发展空间及所应具备的条件进行了详尽的描述和实际分析；同时介绍了电子商务专业的知识技能体系框架，概括了医药电子商务专业的学习方法和路线，为学生将来的学习及职业道路指明了方向。

图书在版编目（CIP）数据

医药电子商务专业入门手册/刘红磊主编.—北京：中国医药科技出版社，2014.7

医药职业教育创新示范教材

ISBN 978-7-5067-6846-7

Ⅰ.①医… Ⅱ.①刘… Ⅲ.①制药工业－电子商务－高等职业教育－教材 Ⅳ.①F407.75-39

中国版本图书馆 CIP 数据核字（2014）第 118163 号

美术编辑　陈君杞
版式设计　郭小平

出版　中国医药科技出版社
地址　北京市海淀区文慧园北路甲 22 号
邮编　100082
电话　发行：010-62227427　邮购：010-62236938
网址　www.cmstp.com
规格　710×1020mm$^1/_{16}$
印张　7 $^1/_4$
字数　95 千字
版次　2014 年 7 月第 1 版
印次　2014 年 7 月第 1 次印刷
印刷　北京市密东印刷有限公司
经销　全国各地新华书店
书号　ISBN 978-7-5067-6846-7
定价　25.00 元
本社图书如存在印装质量问题请与本社联系调换

丛书编委会

刘晓松（天津生物工程职业技术学院　院长）

麻树文（天津生物工程职业技术学院　党委书记）

李榆梅（天津生物工程职业技术学院　副院长）

张　健（天津生物工程职业技术学院　教务处副处长）

齐铁栓（天津市医药集团有限公司　人力资源部部长）

闫凤英（天津华立达生物工程有限公司　总经理）

闵　丽（天津瑞澄大药房连锁有限公司　总经理）

王蜀津（天津中新药业集团股份有限公司隆顺榕制药厂

　　　　人力资源部副部长）

本书编委会

主　　编　刘红磊

副主编　王珊珊

编　　者　刘红磊（天津生物工程职业技术学院）

　　　　　王珊珊（天津生物工程职业技术学院）

　　　　　李　鹏（天津生物工程职业技术学院）

　　　　　徐　娟（天津生物工程职业技术学院）

　　　　　唐　荣（天津生物工程职业技术学院）

　　　　　闵　丽（天津瑞澄大药房连锁有限公司）

编写说明

为使学生入学后即能了解所学专业，热爱所学专业，在新生入学后进行专业入门教育十分必要。多年的教学实践证明，职业院校更需要强化对学生的职业素养教育，使学生熟悉医药行业基本要求，具备专业基本素质，毕业后即与就业岗位零距离对接，成为合格的医药行业准职业人。为此我们组织编写了《医药职业教育创新示范教材》。本套校本教材分为 3 类，分别是专业入门教育类、行业公共基础类、行业指导类。

在本套教材编写过程中，我院组织作者深入与本专业对口的医药行业重点企业进行调研，熟悉调研企业的重点岗位及工作任务，深入了解各专业所覆盖工作岗位的全部生产过程，分析岗位（群）职业要求，总结履行岗位职责应具备的综合能力。因此，本套校本教材体现了教学过程的实践性、开放性和职业性。

本套教材突出以能力为本位，以学生为主体，强调"教、学、做"一体，体现了职业教育面向社会、面向行业、面向企业的办学思想。对深化医药类职业院校教育教学改革，促进职业教育教学与生产实践、技术推广紧密结合，加强学生职业技能的培养，加快为医药行业培养更多、更优秀的高端技能型专门人才可起到推动作用。

本套教材适用于医药类职业教育院校和医药行业职工培训使用。

由于作者水平有限，书中难免有不妥之处，敬请读者批评指正。

天津生物工程职业技术学院
2014 年 6 月

目 录
Contents

模块一 做好准备

任务一 微笑迎接挑战，做一名有职业道德的医药人

一、你是一名大学生

大学是国家高等教育的学府，是综合性地提供教学和研究条件及授权颁发学位的高等教育机关。大学通常被人们比作用来描述新娘美丽颈项的象牙塔（ivory tower）；是与世隔绝的梦幻境地，是一个不同寻常、丰富多彩的小世界，充满着各种各样的机遇。众多的课外活动、体育活动、社会活动的经历将会对你们当中的很多人产生重大影响。希望你在这里度过一段人生中非常特别的时光——这就是你的大学。

请千万记住，无论你在大学中经历了什么，都归属于学习的过程。课堂的知识帮你累积学识和技能，课余的生活帮你提高综合素质，宿舍和班级内的相处帮你提升人际交往的能力，社会实践活动拓展你的视野……这所有的一切就是你们学习的时刻，是你们接触各种思想观念的时刻。这些思想观念与你们过去和将来接触到的不一定相同，这样的体验或许只在你一生中的这段时光里才会经历到。因此，当你遇到欢欣愉悦的事情时，请记住微笑，把你明媚的心情和收获与你的同伴分享，这会让你的幸福感加倍；当你遇到困难和挫折时，请记住以微笑展示你的坚强和乐观，别忘记也把你的落寞和愤愤不平向知己好友倾诉，这会帮你尽快抚平创伤。

今天，你走进了大学校园，你是一名大学生，你将如何在这"小天地"度过你的大学生活，你又将在哪些方面有所长进，下面的内容或许能

使你眼前一亮。

1. 专业

没有"垃圾专业"，只有"垃圾学生"。大学是一种文化与精神凝聚的场所。很多学生学到了皮，却没有学到内涵。专业不是你能学到什么，而是你有没有学会怎么学到东西，专业的价值在于你能往脑袋里装多少东西。很多学生认为自己分数高就是专业扎实，但是进入单位后，你会发现这个根本没有用！分数高代表你的考试技能高，不代表你的专业扎实。高分不一定低能，也不一定高能。两者没有任何必然联系。

2. 社团

外国大学的社团当然锻炼人，组织活动，拉赞助，协调人际关系，然后还有很多时候要选择项目维持社团运作，完整的一个公司模式。中国大学的社团也不是一无是处。你可以学到一些沟通能力，而且社团更像一个微型的社会，你该怎么周旋？你该怎么适应？其间你要学会怎么正视别人的白眼儿，学会怎么调节好自己的利益和别人之间的关系。

3. 技能

【硬件】

（1）英语　四级证怎么说呢？算一城市户口。你怎么活下去还是看你的真本事。口语、写作是重中之重。毕竟金山词霸还能在你翻译的时候帮你一把，可是口语交流你总不能捧个文曲星吧？抱怨的时间多看看剑桥的商务英语，有用，谁看谁知道。

（2）专业　专业是立身之本，在企业中，过硬的专业素质是你的立身之本。你有知识才能有发展，就算转行，将来也将有很大的优势。

还是那句话，专业的人不是头脑里有多少知识的人，而是手头工作的专业与自己所学专业不符合的人，能不能很快上手，能不能很快有自己的见解。

【软件】

（1）态度　心平气和地做好手头的工作，你必然会有好结果的。态度决定一切！

（2）知识　知识不是专业。知识涉猎不一定专，但一定要广！多看看其他方面的书，金融、财会、进出口、税务、法律等等，为以后做一些积累，以后的用处会更大，会少交许多学费！

（3）思维　务必培养自己多方面的能力，包括管理、亲和力、察言观色能力、公关能力等，要成为综合素质的高手，则前途无量！技术以外的技能才是更重要的本事！从古到今，美国、日本，一律如此！

（4）人脉　多交朋友！不要只和你一样的人交往，认为有共同语言，其实更重要的是和其他类型的人交往，了解他们的经历、思维习惯、爱好，学习他们处理问题的模式，了解社会各个角落的现象和问题，这是以后发展的巨大本钱。

（5）修身　要学会善于推销自己！不仅要能干，还要能说、能写，善于利用一切机会推销自己，树立自己的品牌形象。要创造条件让别人了解自己，不然老板怎么知道你能干？外面的投资人怎么相信你？

最后的最后，永远别忘记对自己说——我是一名大学生，我终将战胜这些，走向光明未来。

二、挑战大学新生常见问题

1. 初入大学的迷惘

（1）大一新生的困惑　对你来说，可能期待大学生活是辉煌灿烂的一个阶段，渴望多姿多彩的校园生活令你终身难以忘怀。然而，当大学生活初步被安顿下来，开始了正常的学习生活之后，最初的惊奇与激情逐渐逝去，大学新生要面临的是一段艰难的心理适应期。

案例

"刚上大学时远离了父母，远离了昔日的朋友，我的心底非常迷惘、非常伤感。新同学的陌生更增加了我心底那份化不开的孤独。每天背着书包奔波在校园中，独自品味着生活的白开水。"一位大学新生在接受心理辅导时如是说。

（2）为什么大学新生容易产生适应困难

① 新环境中知音难觅。与大学里面的新同学接触时，总习惯拿高中时的好友为标准来加以衡量。由于有老朋友的存在，常常会觉得新面孔不太合意。

在高中阶段，上大学几乎是所有高中生最迫切的目标，在这个统一的目标下，找到志同道合的朋友很容易。但是进入大学以后，各人的目标和志向会发生很大的变化，要找到一个在某一方面有共同追求的朋友，就需要较长时间的努力。

② 中心地位的失落。全国各地的同学汇集一堂，相比之下，很多新生会发现自己显得比较平常，成绩比自己更优异的同学比比皆是。

这一突然的变化使一些新生措手不及，无法接受理想自我和现实自我之间的巨大差距，一种失落感便袭上心头。

③ 强烈的自卑感。某些男同学可能会因为身材矮小而自卑，某些女同学可能因长相不佳而自卑；还有一些来自农村或小城镇的同学，与来自大城市的同学相比，往往会觉得自己见识浅薄，没有特长，从而产生自卑感。

2. 环境的适应

（1）适应新的校园环境　首先要尽快熟悉校园的"地形"。这样，在办理各种手续，解决各种问题的时候就会比别人更顺利、更节省时间。

其次，在班级中担任一定的工作，也能帮助你尽快适应校园生活。这样与老师、同学接触得越多，掌握的信息越多，锻炼的机会也越多，能力提高很快，自信心也就逐渐建立起来了。

（2）适应校园中的人际环境　你来到大学校园，有可能面临以下情况。

① 多人共享一间宿舍。你们会出现就寝、起床时间的差异，个人卫生要求、习惯的差异，对物品爱惜程度的差异等等。在宿舍生活，就是一个五湖四海的融合过程，意味着你们要彼此适应，互相理解，互相包容。

建议在符合学校相关管理制度的基础上，制定一个宿舍公约，这样将便于寝室内所有人更好、更舒适地生活。

② 饮食的差异。食堂的饭菜可能和你家乡的饮食有所差别，你的味蕾、你的胃都要去适应。在外就餐要注意饮食健康。

③ 可支配生活费的差异。面对同学们之间支配金钱能力的差异，要摆正心态，树立俭朴生活的观念，做到勤俭节约，合理安排生活费，保证学习的有效进行，并学会自立、自强，学习理财，如有需要可向生源地申请助学贷款，向学校申请国家奖助学金及各类社会助学金等。

（3）适应校园外的社会环境　离开家乡到异地求学，意味着踏入一个不同的社会环境，怎样搭乘公共汽车，怎样向别人问路，怎样上商店买东西，怎样和小商贩讨价还价都要逐步熟悉。了解适应社会环境都有哪些形式，总的来说，适应社会环境有两种形式：一种是改造社会环境，使环境合乎我们的要求；另一种形式是改造我们自己，去适应环境的要求。无论哪种形式，最后都要达到环境与我们自身的和谐一致。

3. 生活的适应

（1）培养生活自理能力　从离不开父母的家庭生活到事事完全自理的大学生活，一切都要从头学起。从某种意义上说，这是一种真正的生活独立性的训练。

案例

某女大学生在考入理想的大学后，从小城市到大城市，从温暖、充满母爱的小家庭到校园中的大家庭，完全不能适应。她说："洗澡要排队，衣服要自己洗，食堂的饭菜又难以下咽……"为此天天给家里打长途电话诉苦。电话里的哭声让母亲揪心，于是母亲只好请假租房陪女儿读书。

（2）培养良好的生活习惯　生活习惯代表着个人的生活方式。良好的生活习惯不仅能促进个人的身心健康，而且也能对人的未来发展有间接的作用。

① 要合理地安排作息时间，形成良好的作息制度。因为有规律的生活能使大脑和神经系统的兴奋和抑制交替进行，天长日久，能在大脑皮质上

形成动力定型，这对促进身心健康是非常有利的。

② 要进行适当的体育锻炼和文娱活动。学习之余参加一些文体活动，不但可以缓解刻板紧张的生活，还可以放松心情、增加生活乐趣，反而有助于提高学习效率。

③ 要保证合理的营养供应，养成良好的饮食习惯。

④ 要改正或防止吸烟、酗酒、沉溺于电子游戏等不良的生活习惯。

（3）安排好课余时间 大学校园除了日常的教学活动之外，还有各种各样的讲座、讨论会、学术报告、文娱活动、社团活动、公关活动等等。这些活动对于大学新生来说，的确是令人眼花缭乱，对于如何安排课余时间，大学新生常常心中没谱。如果完全按照兴趣，随意性太大，很难有效地利用高校的有利环境和资源。

应该了解自己近期内要达到哪些目标，长远目标是什么，自己最迫切需要的是什么，各种活动对自己发展的意义又有多大等等，然后做出最好的时间安排；并且在执行计划中不断地修正和发展。

丰富的课余生活不只会增添人生乐趣，也有利于建立自信心，增强社会适应能力。

4. 学习的适应

（1）大学新生容易产生学习动机不足的现象 相当一部分大学生身上不同程度地存在着学习动力不足的问题。上大学前后的"动机落差"，自我控制能力差，缺乏远大的理想，没有树立正确的人生观，都是导致大学新生学习动机不足的重要原因。

（2）适应校园的学习气氛 大学里面的学习气氛是外松内紧的。和中学相比，在大学里很少有人监督你，很少有人主动指导你；这里没有人给你制订具体的学习目标，考试一般不公布分数、不排红榜……，但这里绝不是没有竞争。每个人都在独立地面对学业；每个人都该有自己设定的目标；每个人都在和自己的昨天比，和自己的潜能比，也暗暗地与别人比。

（3）调整学习方法 进入大学后，以教师为主导的教学模式变成了以学生为主导的自学模式。教师在课堂讲授知识后，学生不仅要消化理解课堂上学习的内容，而且还要大量阅读相关方面的书籍和文献资料，逐渐地从"要我学"向"我要学"转变，不采用题海战术和死记硬背的方法，提倡生动活泼地学习，提倡勤于思考。

可以说，自学能力的高低成为影响学业成绩的最重要因素。从旧的学习方法向新的学习方法过渡，这是每个大学新生都必须经历的过程。

（4）适应专业学习 对专业课的学习应目标明确具体，主动克服各种学习困难，不断提高学习兴趣；对待公共课，要认识到其实用的价值，努力把对公共课的间接兴趣转化为直接学习兴趣；对选修课的学习，应注意克服仅仅停留在浅层的了解和获知的现象。

（5）适应学习科目 中学阶段，我们一般只学习十门左右的课程，而且有两年时间都把精力砸到高考科目上了，老师主要讲授一般性的基础知识。而大学三年需要学习的课程在30门左右，每一个学期学习的课程都不相同，内容多，学习任务远比中学重得多。大学一年级主要学习公共课程和专业基础课，大学二年级主要学习专业课和专业技能课程以及选修课，大学三年级重点进行专业实习以及顶岗实习。

（6）适应自主学习 中学里，经常有老师占用自习课，让同学们非常苦恼，大学里这种情况几乎不存在了。因为大学里课堂讲授相对减少，自学时间大量增加。同时，大学为学生学习提供了非常好的环境，有藏书丰富的图书馆，有设备先进的实验室，有丰富多彩的课外活动及社团活动。

（7）明确技能要求 在中学时期，学习的内容就是语、数、外等高考科目，到了大学阶段，我们学习的内容转变为技能为主，强调动手能力，加强技能学习与训练。

高中和大学的区别——

高中事情父母包办；大学住校凡事要自己解决。

高中有事班主任通知；大学有事要自己看通知。

高中父母是你的守护者；大学在外你是自己的天使。

高中衣来伸手饭来张口；大学要自力更生丰衣足食。

常见品质——

令人喜欢的品质	中性品质	令人厌恶的品质
☆ 热情	◇ 易动情	★ 不可信
☆ 善良	◇ 羞怯	★ 恶毒
☆ 友好	◇ 天真	★ 令人讨厌
☆ 快乐	◇ 好动	★ 不真实
☆ 不自私	◇ 空想	★ 不诚实
☆ 幽默	◇ 追求物欲	★ 冷酷
☆ 负责	◇ 反叛	★ 邪恶
☆ 开朗	◇ 孤独	★ 装假
☆ 信任别人	◇ 依赖别人	★ 说谎

三、新的起点，开启新的人生

成为一名大学生，也掀开了你新的人生篇章。在新的环境中，如想更好地生存和发展，需要尽快熟悉和适应这样的生活。同时，在新的环境中开始，我们也可以抛弃过去不好的行为和习惯，秉承好的传统，学习新的更有价值和意义的知识、方法和技能。来到同一个大学，大家的起跑线相同，对你来说也是更大的机遇。及早地做好准备，对自己的人生目标做出分析和确定，而且也愿意花最多时间去完成这个你在医药行业里确立的职业生涯目标，这个目标可以体现你的价值、理想，和对这种成就有追求动机或兴趣。设定一个明确的、可衡量的、可执行的、有时限的目标至关重要，因为"没有目标的人永远给有目标的人打工"。

在大学生活中，要如何完善自己，开启自己新的人生呢？

1. 制订科学的专业学习计划

通常个人的专业学习计划应当包括以下三方面的内容。

（1）明确的专业学习目标　也就是学生通过专业学习达到预期的结果，在专业基本理论、基本知识和基本技能方面达到的水平，在专业能力方面和实际应用方面达到的目标。

（2）进程表　即学习时间和学习进度安排表，包括两个层次：一是总体学习时间和学习进度安排表，即大学期间如何安排专业学习进程，一般地，大学专业学习进程指导原则是第一年打基础，即学习从事多种职业能力通用的课程和继续学习必需的课程。二是学期进程表，把一个学期的全部时间分成三个部分：学习时间、复习时间、考试时间。分别在三个时间段内制订不同的学习进程表。三是课程进度表，是学生在每门课程中投入的时间和精力的体现。

（3）完成计划的方法和措施　主要指学习方式，学习方式的选择需要考虑的因素：学习基础、学习能力、学习习惯、学科性质、学校能够提供的支持服务、学生能够保证的学习时间等，还要遵循学习心理活动特点和学习规律以及个人的生理规律等。

那么，什么样的专业学习计划才算是科学合理呢？

（1）全面合理　计划中除了有专业学习时间外，还应有学习其他知识的时间，也就是要有合理的知识结构。知识结构是指知识体系在求职者头脑中的内在联系。结构决定着能力，不同的知识结构预示着能否胜任不同性质的工作。随着科学技术的发展，职业发展呈现出智能化、综合化等特点，根据职业发展特点，从业者的知识结构应该更加宽泛、合理。大学生在校学习期间，不仅要掌握本专业知识技能，而且要对相近或相关知识技能进行学习。宽厚的基础知识和必要技能的掌握，才能适应因社会快速发展而对人才要求的不断变化。此外，还应有进行社会工作、为集体服务的时间；有保证休息、娱乐、睡眠的时间。

（2）长时间短安排　在一个较长的时间内，究竟干些什么，应当有个大致计划。比如，一个学期、一个学年应当有个长计划。

（3）重点突出　学习时间是有限的，而学习的内容是无限的，所以必须要有重点，要保证重点，兼顾一般。

（4）脚踏实地　一是知识能力的实际，每个阶段，在计划中要接受消化多少知识？要培养哪些能力？二是指常规学习时间与自由学习时间各有多少？三是"债务"实际，对自己在学习上的"欠债"情况心中有数。四是教学进度的实际，掌握教师教学进度，就可以妥善安排时间，不至于使自己的计划受到"冲击"。

（5）适时调整　每一个计划执行结束或执行到一个阶段，就应当检查一下效果如何。如果效果不好，就要找找原因，进行必要的调整。检查的内容应包括：计划中规定的任务是否完成，是否按计划去做了，学习效果如何，没有完成计划的原因是什么。通过检查后，再修订专业学习计划，改变不科学、不合理的地方。

（6）灵活性　计划变成现实，还需要经过一段时间，在这个过程中会遇到许多新问题、新情况，所以计划不要太满、太死、太紧。要留出机动时间，使计划有一定机动性、灵活性。

2. 能力的自我培养

大学生在大学期间应基本上具有工作岗位所要求的能力，这就要求大学生在大学期间注重能力的自我培养。其途径主要有以下几点。

（1）积累知识　知识是能力的基础，勤奋是成功的钥匙。离开知识的积累，能力就成了"无源之水"，而知识的积累要靠勤奋的学习来实现。大学生在校期间，既要掌握已学书本上的知识和技能，也要掌握学习的方法，学会学习，养成自学的习惯，树立终身学习的意识。

（2）专业实验，勤于实践　实验是理论知识的升华和检验，我们可以通过实验来检验专业的理论知识，也能巩固理论知识，加深理解。而实践是培养和提高能力的重要途径，是检验学生是否学到知识的标准。因此，大学生在校期间，既要主动积极参加各种校园文化活动，又要勇于参与一些社会实践活动；既要认真参加社会调查活动，又要热心各种公益活动，既要积极参与校内外相结合的科学研究、科技协作、科技服务活动，参加以校内建设或社会生产建设为主要内容的生产劳动，又要热忱参加教育实习活动，参加学校举办的各种类型的学习班、讲学班等。

（3）发展兴趣　兴趣包括直接兴趣和间接兴趣。直接兴趣是事物本身引起的兴趣；间接兴趣是对能给个体带来愉快或益处的活动结果发生的兴趣，人的意志在其中起着积极的促进作用。大学生应该重点培养对学习的间接兴趣，以提高自身能力为目标鼓励自己学习。

（4）超越自我　作为一名大学生，应当注意发展自己的优势能力，但任何优势能力是不够的，大学生必须对已经具备的能力有所拓展，不管其发展程度如何，这是今后生存的需要，也是发展的需要。

3. 身心素质的培养

身体素质和心理素质合称为身心素质。身心素质对大学生成才有着重大影响，因此不断提升身心素质显得尤为重要。大学生心理素质提升的主要途径有以下几种。

（1）科学用脑

① 勤于用脑。大脑用得越勤快，脑功能越发达。讲究最佳用脑时间。研究发现，人的最佳用脑时间存在着很大的差异性，就一天而言，有早晨学习效率最高的百灵鸟型，有黑夜学习效率最高的猫头鹰型，也有最佳学习时间不明显的混合型。

② 劳逸结合。从事脑力劳动的时候，大脑皮质兴奋区的代谢过程就逐步加强，血流量和耗氧量也增加，从而使脑的工作能力逐步提高。如果长时间用大脑，消耗的过程逐步越过恢复过程，就会产生疲劳。疲劳如果持续下去，不仅会使学习和工作效率降低，还会引起神经衰弱等疾病。

③多种活动交替进行。人的脑细胞有专门的分工，各司其职。经常轮换脑细胞的兴奋与抑制，可以减轻疲劳，提高效率。

④培养良好的生活习惯。节奏性是人脑的基本规律之一，大脑皮质的兴奋与抑制有节奏地交替进行，大脑才能发挥较大效能。要使大脑兴奋与抑制有节奏，就要养成良好的生活习惯。

（2）正确认识自己　良好的自我意识要求做到自知、自爱，其具体内涵是自尊、自信、自强、自制。自信、自强的人对自己的动机、目的有明确的了解，对自己的能力能做出比较客观的估价。

（3）自觉控制和调节情绪　疾病都与情绪有关，长期的思虑忧郁，过度的气愤、苦闷，都可能导致疾病的发生。大学生希望有健康的身心，就必须经常保持乐观的情绪，在学习、生活和工作中有效地驾驭自己的情绪活动，自觉地控制和调节情绪。

（4）提高克服挫折的能力　正视挫折，战胜或适应挫折。遇到挫折，要冷静分析原因，找出问题的症结，充分发挥主观能动性，想办法战胜它。如果主、客观差距太大，虽然经过努力，也无法战胜，就接受它，适应它，或者另辟蹊径，以便再战。要多经受挫折的磨炼。

4. 选择与决策能力的培养

做出明智的选择是一项与每个人的成长、生活息息相关的基本生存技能，我们的每一个决定，都会影响我们的职业生涯发展。在我们的一生中，需要花费无数的时间与精力来选择或做出决定，小到选乘公交车，大到求学、择业，还有恋爱与婚姻……的确，成功与幸福很大程度上取决于我们在"十字路口"上的某个决定。如果能够具备良好的选择和决策能力，那我们在职业发展的道路上会比别人少浪费很多时间。

5. 学会职业适应与自我塑造

法国哲学家狄德罗曾说过：知道事物应该是什么样，说明你是聪明人；知道事物实际是什么样，说明你是有经验的人；知道如何使事物变得更好，说明你是有才能的人。显然，要想获得职业上的成功，首先是学会适应职业环境，就像大自然中的千年动物，能够随着自然环境的变化而调整、改变自己，避免成为"娇贵"的恐龙！

总而言之，在我们非常宝贵的大学期间，我们应努力培养以下各种技能：自学能力、设备使用操作能力、实验动手能力、应用计算机能力、绘图能力、实验测试能力、技术综合能力、独立工作能力、实验数据分析处理能力、独立思考与创造能力、管理能力、组织管理与社交能力、文字语言表达能力。为了达到以上的目标，我们必须提早动手，对未来的学习有个前瞻性的规划，通过学习计划的设计与按部就班的实施，你的目标终将会逐一实现。

四、医药人，我有我要求

近年来，中国医药行业发展迅速，人才需求旺盛。企业在用人之际反馈出新进员工普遍存在敬业精神及合作态度等方面问题，这也就牵涉到当代医药人职业素养层次的问题。在正式成为医药行业高技能人才之前，请你务必意识到良好的职业素养是你今后职业生涯成功与否的基础。

1. 职业素养涵盖的范畴

很多业界人士认为，职业素养至少包含两个重要因素：敬业精神及合作的态度。敬业精神就是在工作中要将自己作为公司的一部分，不管做什么工作一定要做到最好，发挥出实力，对于一些细小的错误一定要及时地更正，敬业不仅仅是吃苦耐劳，更重要的是"用心"去做好公司分配给的每一份工作。态度是职业素养的核心，好的态度比如负责的、积极的、自信的、建设性的、欣赏的、乐于助人等态度是决定成败的关键因素。

职业素养是个很大的概念，是人类在社会活动中需要遵守的行为规范。职业素养中，专业是第一位的，但是除了专业，敬业和道德是必备的，体现到职场上的就是职业素养，体现在生活中的就是个人素质或者道德修养。职业素养在职业过程中表现出来的综合品质，概况来说就是指职业道德、职业思想（意识）、职业行为习惯、职业技能等四个方面。职业素养是一个人职业生涯成败的关键因素，职业素养量化而成"职商"，英文 career quotient，简称 CQ。也可以说一生成败看"职商"。

2. 大学生职业素养的构成

大学生的职业素养可分为显性和隐性两部分（图 1 - 1）。

图 1 - 1 "素质冰山"理论中显性素养和隐性素养比例图示

（1）显性素养 形象、资质、知识、职业行为和职业技能等方面是显性部分。这些可以通过各种学历证书、职业证书来证明，或者通过专业考试来验证。

（2）隐性素养　职业意识、职业道德、职业作风和职业态度等方面是隐性的职业素养。"素质冰山"理论认为，个体的素质就像水中漂浮的一座冰山，水上部分的知识、技能仅仅代表表层的特征，不能区分绩效优劣：水下部分的动机、特质、态度、责任心才是决定人的行为的关键因素，鉴别绩效优秀者和一般者。大学生的职业素养也可以看成是一座冰山：冰山浮在水面以上的只有 1/8 是人们看得见的、显性的职业素养；而冰山隐藏在水面以下的部分占整体的 7/8 是人们看不见的、隐性的职业素养。显性职业素养和隐性职业素养共同构成了所应具备的全部职业素养。由此可见，大部分的职业素养是人们看不见的，但正是这 7/8 的隐性职业素养决定、支撑着外在的显性职业素养，同时，显性职业素养是隐性职业素养的外在表现。因此，大学生职业素养的培养应该着眼于整座"冰山"，以培养显性职业素养为基础，重点培养隐性职业素养。

3. 大学生应具备的职业素养

为了顺应知识经济时代社会竞争激烈、人际交往频繁、工作压力大等特点的要求，每个大学生应具备以下几种基本的职业素养。

（1）思想道德素质　近年来，用人单位对大学生的思想道德素质越来越重视，他们认为思想道德素质高的学生不仅用起来放心，而且有利于本单位文化的发展和进步。思想是行动的先导，而道德是立身之本，很难想象一个思想道德素质差的人能够在工作中赢得别人充分的信任和良好的合作。毕竟人是社会的人，在企业的工作中更是如此。所以，企业在选拔录用毕业生时，对思想道德素质都会很在意。虽然这种素质很难准确测量，但是人的思想道德素质会体现在人的一言一行中，这也是面试的主要目的之一。

（2）事业心和责任感　事业心是指干一番事业的决心。有事业心的人目光远大、心胸开阔，能克服常人难以克服的困难而成为社会上的佼佼者。责任感就是要求把个人利益同国家和社会的发展紧密联系起来，树立强烈的历史使命感和社会责任感。拥有较强的事业心和责任感的大学生才能与单位同甘共苦、共患难，才能将自己的知识和才能充分发挥出来，从而创造出效益。

（3）职业道德 职业道德体现在每一个具体职业中，任何一个具体职业都有本行业的规范，这些规范的形成是人们对职业活动的客观要求。从业者必须对社会承担必要的职责，遵守职业道德，敬业、勤业。具体来说，就是热爱本职工作，恪尽职守，讲究职业信誉，刻苦钻研本职业务，对技术和专业精益求精。在今天，敬业勤业更具有新的、丰富的内涵和标准。不计较个人得失、全心全意为人民服务、勤奋开拓、求实创新等，都是新时代对大学毕业生职业道德的要求。缺乏职业道德的大学生不可能在工作中尽心尽力，更谈不上有所作为；相反，大学毕业生如果拥有崇高的职业道德，不断努力，那么在任何职业上都会做出贡献，服务社会的同时体现个人价值。

（4）专业基础 随着科学技术的迅速发展，社会化大生产不断壮大，现代职业对从业人员专业基础的要求越来越高，专业化的倾向越来越明显。"万金油"式的人才已经不能满足市场的需求，只有拥有"一专多能"才能在求职过程中取胜。大学毕业生应该拥有宽厚扎实的基础知识和广博精深的专业知识。基础知识、基本理论是知识结构的根基。拥有宽厚扎实的基础知识，才能有持续学习和发展的基础及动力。专业知识是知识结构的核心部分，大学生要对自己所从事专业的知识和技术精益求精，对学科的历史、现状和发展趋势有较深的认识和系统的了解，并善于将其所学的专业和其他相关知识领域紧密联系起来。

（5）学习能力 现代社会科学技术飞速发展，一日千里。只有基础牢，会学习，善于汲取新知识、新经验，不断在各方面完善自己，才能跟上时代的步伐。有研究观点认为，一个大学毕业生在学校获得的知识只占一生工作所需知识的 10%，其余需在毕业后的继续学习中不断获取。

（6）人际交往能力 人际交往能力就是与人相处的能力。随着社会分工的日益精细以及个人能力的限制，单打独斗已经很难完成工作任务，人际间的合作与沟通已必不可少。大学毕业生应该积极主动地参与人际交往，做到诚实守信、以诚待人，同时努力培养团队协作精神，这样才能逐步提高自己的人际交往能力。

（7）吃苦精神　用人单位认为近年来所招大学生最缺乏的素质是实干精神。现在的大学生最大的弱点是怕吃苦，缺乏实干的奋斗精神。大凡有所成就的人，无一不是通过艰苦创业而成才的。作为当代大学生，我们应从平时小事做起，努力培养吃苦耐劳的创业精神。

（8）创新精神　现代社会日新月异，我们不能墨守成规。在市场经济条件下，各企业都要参与激烈的市场竞争。用人单位迫切需要大学生运用创新精神和专业知识来帮助他们改造技术，加强企业管理，使产品不断更新和发展，给企业带来新的活力。信息时代是物资极弱的时代，非物资需求成为人类的重要需求，信息网络的全球架构使人类生活的秩序和结构发生根本变化。人才，尤其是信息时代的人才，更需要创新精神。

（9）身体素质　现代社会生活节奏快，工作压力大，没有健康的体魄很难适应。用人单位都希望自己的员工能健康地为单位多做贡献，而不希望看到他们经常请病假。身体有疾病的员工不但会耽误自己的工作，还有可能对单位的其他同事造成影响。用人单位和大学生签订协议书之前，都会要求大学生提交身体检查报告，如果身体不健康，即使其他方面非常优秀，也会被拒之门外。

（10）健康的心理　健康的心理是一个人事业能否取得成功的关键，它是指自我意识的健全，情绪控制的适度，人际关系的和谐和对挫折的承受能力。心理素质好的人能以旺盛的精力、积极乐观的心态处理好各种关系，主动适应环境的变化；心理素质差的人则经常处于忧愁困苦中，不能很好地适应环境，最终影响了工作甚至带来身体上的疾病。大学毕业生在走出校园以后，会遇到更加复杂的人际关系，更为沉重的工作压力，这都需要大学毕业生很好地进行自我调适以适应社会。

总的来说，大学生应具备的职业意识包括：市场意识、创新意识、合作意识、服务意识、法律意识、竞争意识、创业意识。而大学生应具备的职业能力又包括以下几个方面：终身学习能力、人际沟通能力、开发创造能力、协调沟通能力、言语表达能力、组织管理能力、判断决策能力、职场人格魅力、信息处理能力、应变处理能力。

4. 职业素养的自我培养

作为职业素养培养主体的大学生，在大学期间应该学会自我培养。

（1）要培养职业意识。雷恩·吉尔森说："一个人花在影响自己未来命运的工作选择上的精力，竟比花在购买穿了一年就会扔掉的衣服上的心思要少得多，这是一件多么奇怪的事情，尤其是当他未来的幸福和富足要全部依赖于这份工作时。"很多高中毕业生在跨进大学校门之时就认为已经完成了学习任务，可以在大学里尽情地"享受"了。这正是他们在就业时感到压力的根源。清华大学的樊富珉教授认为，中国有69% ~80%的大学生对未来职业没有规划，就业时容易感到压力。中国社会调查所完成的一项在校大学生心理健康状况调查显示，75%的大学生认为压力主要来源于社会就业。50%的大学生对于自己毕业后的发展前途感到迷茫，没有目标；41.7%的大学生表示目前没考虑太多；只有8.3%的人对自己的未来有明确的目标并且充满信心。培养职业意识就是要对自己的未来有规划。因此，大学期间，每个大学生应明确我是一个什么样的人？我将来想做什么？我能做什么？环境能支持我做什么？着重解决一个问题，就是认识自己的个性特征，包括自己的气质、性格和能力以及自己的个性倾向，包括兴趣、动机、需要、价值观等。据此来确定自己的个性是否与理想的职业相符；对自己的优势和不足有一个比较客观的认识，结合环境如市场需要、社会资源等确定自己的发展方向和行业选择范围，明确职业发展目标。

（2）配合学校的培养任务，完成知识、技能等显性职业素养的培养。职业行为和职业技能等显性职业素养比较容易通过教育和培训获得。学校的教学及各专业的培养方案是针对社会需要和专业需要所制订的。旨在使学生获得系统化的基础知识及专业知识，加强学生对专业的认知和知识的运用，并使学生获得学习能力，培养学习习惯。因此，大学生应该积极配合学校的培养计划，认真完成学习任务，尽可能利用学校的教育资源，包括教师、图书馆等获得知识和技能，作为将来职业需要的储备。

（3）有意识地培养职业道德、职业态度、职业作风等方面的隐性素养。隐性职业素养是大学生职业素养的核心内容。核心职业素养体现在很多方面，如独立性、责任心、敬业精神、团队意识、职业操守等。事实表明，很多大学生在这些方面存在不足。有记者调查发现，缺乏独立性、会抢风头、不愿下基层吃苦等表现容易断送大学生的前程。如某企业招聘负责人在他所进行的一次招聘中，一位来自上海某名牌大学的女生在中文笔试和外语口试中都很优秀，但被最后一轮面试淘汰。他说："我最后不经意地问她，你可能被安排在大客户经理助理的岗位，但你的户口能否进深圳还需再争取，你愿意吗？"结果，她犹豫片刻回答说："先回去和父母商量再决定。"缺乏独立性使她失掉了工作机会。而喜欢抢风头的人被认为没有团队合作精神，用人单位也不喜欢。如今，很多大学生生长在"6＋1"的独生子女家庭，因此在独立性、承担责任、与人分享等方面都不够好，相反他们爱出风头，容易受伤。因此，大学生应该有意识地在学校的学习和生活中主动培养独立性、学会分享、感恩、勇于承担责任，不要把错误和责任都归咎于他人。自己摔倒了不能怪路不好，要先检讨自己，承认自己的错误和不足。

大学生职业素养的自我培养应该加强自我修养，在思想、情操、意志、体魄等方面进行自我锻炼。同时，还要培养良好的心理素质，增强应对压力和挫折的能力，善于从逆境中寻找转机。

5. 医药人的职业道德要求

（1）药学科研的职业道德要求

① 忠诚事业，献身药学

② 实事求是，一丝不苟

③ 尊重同仁，团结协作

④ 以德为先，尊重生命

（2）药品生产的职业道德要求

① 保证生产，社会效益与经济效益并重

② 质量第一，自觉遵守规范

③ 保护环境，保护药品生产者的健康

④ 规范包装，如实宣传

⑤ 依法促销，诚信推广

（3）药品经营的职业道德要求

① 药品批发的道德要求

ⅰ 规范采购，维护质量

ⅱ 热情周到，服务客户

② 药品零售的道德要求

ⅰ 诚实守信，确保销售质量

ⅱ 指导用药，做好药学服务

（4）医院药学工作的职业道德要求

① 合法采购，规范进药

② 精心调剂，热心服务

③ 精益求精，确保质量

④ 维护患者利益，提高生活质量

任务二 高等职业教育，我的选择无怨无悔

一、普通高等教育和高等职业教育

《国家中长期教育改革和发展规划纲要（2010～2020年）》（简称《教育规划纲要》），对高等教育提出了发展规划。基于此，我们来看一下普通高等教育和高等职业教育。

（一）普通高等教育

高等教育承担着培养高级专门人才、发展科学技术文化、促进社会主义现代化建设的重大任务。到2020年，高等教育结构更加合理，特色更加鲜明，人才培养、科学研究和社会服务整体水平全面提升，着力培养信念执著、品德优良、知识丰富、本领过硬的高素质专门人才和拔尖创新人才。

国家将加快建设一流大学和一流学科。以重点学科建设为基础，继续

实施"985 工程"和优势学科创新平台建设，继续实施"211 工程"和启动特色重点学科项目。坚持服务国家目标与鼓励自由探索相结合，加强基础研究；以重大现实问题为主攻方向，加强应用研究。促进高校、科研院所、企业科技教育资源共享，推动高校创新组织模式，培育跨学科、跨领域的科研与教学相结合的团队。

普通高等教育五大学历教育是国家教育部最为正规且用人单位最为认可的学历教育，主要包括全日制普通博士学位研究生、全日制普通硕士学位研究生（包括学术型硕士和专业硕士）、全日制普通第二学士学位、全日制普通本科、全日制普通专科（高职）。

（二）高等职业教育

中国的高等职业教育开始于 20 世纪 80 年代初，1995 年以后，特别是 1996 年 6 月全国教育工作会议之后，高等职业教育发展迅速。中央和地方也出台了一系列好政策、好措施。教育部批准设置 92 所高等职业技术学院，各地方也成立了具有地方特色的高等职业技术学院，许多普通高校也以不同形式设置了职业技术学院，高等职业教育的发展出现了大好局面。

国家在《教育规划纲要》中提及要大力发展职业教育。职业教育要面向人人、面向社会，着力培养学生的职业道德、职业技能和就业创业能力。到 2020 年，形成适应经济发展方式转变和产业结构调整要求、体现终身教育理念、中等和高等职业教育协调发展的现代职业教育体系，满足人民群众接受职业教育的需求，满足经济社会对高素质劳动者和技能型人才的需要。

政府切实履行发展职业教育的职责。把职业教育纳入经济社会发展和产业发展规划，促使职业教育规模、专业设置与经济社会发展需求相适应。统筹中等职业教育与高等职业教育发展。健全多渠道投入机制，加大职业教育投入。

把提高质量作为重点。以服务为宗旨，以就业为导向，推进教育教学改革。实行工学结合、校企合作、顶岗实习的人才培养模式。坚持学校教育与职业培训并举，全日制与非全日制并重。调动行业企业的积极性。

由此来看，高等职业院校既拥有普通高等教育的学历，也享受到国家对高等教育和职业教育的双重投入。身为高等职业院校一名学生的你，不仅将成长为高素质技能型人才服务于企业和社会，也将有机会继续深造提升学历水平，成为本领过硬的高素质专门人才和拔尖创新人才。

（三）高等职业教育与普通高等教育比较研究

目前中国正在加紧推进高等教育大众化进程，而加速高等职业教育的发展是实现高等教育大众化的主要途径。高等职业教育和普通高等教育有着许多相同的地方，如共同遵循教育的基本原则，共同追求培养社会主义的德、智、体、美、劳全面发展的建设者和接班人的总体目标，共同遵循着政策宏观调控与高校自主办学积极性相结合的原则，共同接受衡量教育教学质量的一个宏观标准，但高等职业教育与普通高等教育又有着明显的区别。

1. 高等职业教育与普通高等教育在人才培养上的区别

（1）生源渠道上的区别　目前高职院校的生源来自于三个方面：一是参加普通高考的学生，二是中等职业技术学院和职业高中对口招生的学生，三是初中毕业的学生；而普通高等教育的生源通常是在校的高中毕业生。

（2）培养目标上的区别　普通高等教育主要培养的是研究型和探索型人才以及设计型人才，而高等职业教育则是主要培养既具有大学程度的专业知识，又具有高级技能，能够进行技术指导并将设计图纸转化为所需实物，能够运用设计理念或管理思想进行现场指挥的技术人才和管理人才。换句话说，高等职业教育培养的是技艺型、操作型的、具有大学文化层次的高级技术人才。同普通高等教育相比，高等职业教育培养出来的学生，毕业后大多数能够直接上岗，一般没有所谓的工作过渡期或适应期，即使有也是非常短的。

（3）与经济发展关系上的区别　随着社会的发展，高等教育与社会经济发展的联系越来越紧密，高等职业教育又是高等教育中同经济发展联系最为密切的一部分。在一定的发展阶段中，高等职业教育的学生人数的增长与地区的国民生产总值的变化处于正相关状态，高职教育针对本地区的经济发展和社会需要，培养相关行业的高级职业技术人才，它的规模与发展速度和产业结构的变化，取决于经济发展的速度和产业结构的变化。随着中国经济结构的战略性调整，社会对高等职业教育的发展要求和定位必然以适应社会和经济发展的需求为出发点和落脚点，高等职业教育如何挖掘自身内在的价值，使之更有效地服务于社会是其根本性要求。

（4）专业设置与课程设置上的区别　在专业设置及课程设置上，普通高等教育是根据学科知识体系的内部逻辑来严格设定的，而高等职业教育则是以职业岗位能力需求或能力要素为核心来设计的。就高等职业教育的专业而言，可以说社会上有多少个职业就有多少个专业；就高等职业教育的课程设置而言，也是通过对职业岗位的分析，确定每种职业岗位所需的能力或素质体系，再来确定与之相对应的课程体系。有人形象地说，以系列产品和职业证书来构建课程体系，达到高等职业教育与社会需求的无缝接轨。

（5）培养方式上的区别　普通高等教育以理论教学为主，虽说也有实验、实习等联系实际的环节，但其目的仅仅是为了更好地学习、掌握理论知识，着眼于理论知识的理解与传授。而高等职业教育则是着眼于培养学生的实际岗位所需的动手能力，强调理论与实践并重，教育时刻与训练相结合，因此将技能训练放在了极其重要的位置上，讲究边教边干，边干边学，倡导知识够用为原则，缺什么就补什么，实践教学的比重特别大。这样带来的直接效果是，与普通高等教育相比，高等职业教育所培养的学生，在毕业后所从事的工作同其所受的职业技术教育的专业是对口的，他们有较好的岗位心理准备和技术准备，因而能迅速地适应各种各样的工作要求，为企业或单位带来更大的经济效益。

2. 高等职业教育与普通高等教育在课堂教学评价上的区别

根据高等职业教育与普通高等教育在上述两个方面具有的明显区别，对二者在课堂教学评价问题上区别就容易得出答案了。从评价内容来看，普通高等教育重点放在教师对基础科学知识的传授之上；高等职业教育则主要放在教师对技术知识与操作技能的传授方面。从评价过程来看，普通高等教育主要围绕教师的教学步骤展开；高等职业教育则主要围绕学生的学习环节来进行。从评价者来看，普通高等教育主要是以学科教师为主；高等职业教育则主要以岗位工作人员为主。从评价方式来看，普通高等教育主要以同行和专家评价为主；高等职业教育则主要以学生评教为主。

总之，通过以上比较，可以得出以下结论。

（1）高等职业教育和普通高等教育都是高等教育的重要组成部分，二者只有类型的区别，没有层次的区别。因此，高等职业教育既是高等教育的一种类型，又是职业技术教育高层次。

（2）高等职业教育和普通高等教育在培养目标上有所区别：高等职业教育的培养目标是定位于技术型人才的培养；普通高等教育强调培养目标的学术定向性，而高等职业教育强调培养目标的职业定向性。普通高等教育培养的是理论型人才，而高等职业教育培养的是应用型人才。高等职业教育不仅需要学生掌握基本知识和理论，还需要学生提高实践能力。

（3）高等职业教育和普通高等教育在培养模式上有所差异：普通高等教育在人才培养模式中强调学科的"重要性"，注重理论基础的"广博性"和专业理论的"精深性"；专业设置体现"学科性"，课程内容注重"理论性"，教学过程突出"研究性"。高等职业教育则更为强调职业能力的"重要性"，注重理论基础的"实用性"；专业设置体现"职业性"，课程内容强调"应用性"，教学过程注重"实践性"。

（4）高等职业教育和普通高等教育在教学管理上有所不同：普通高等教育在教学管理中更注重稳定性、长效性和学术自主性。相对而言，高等职业教育则更强调教学管理的灵活性、应变性、多重协调性和目标导向性。

（5）普通高等教育需要的是基础理论扎实、学术水平高、科研能力强的教师队伍，高等职业教育需要的是既在理论讲解方面过硬，又在技艺和技能方面见长的"双师型"的教师队伍。

（6）高等职业教育和普通高等教育在生源、教育特色、实践能力等方面也存在一定差异。

二、中国大力发展高等职业教育

中国高等职业教育担负着培养适应社会需求的生产、管理、服务第一线应用性专门人才的使命，高等职业教育的改革发展对全国实施科教兴国战略和人才强国战略有着极为重要的意义。随着经济体制改革的不断深入和国民经济的快速发展，中国在制造业、服务业等行业的技术应用性人才紧缺的状况越来越突出，它直接影响了生产规模和产品质量，制约了产业的发展，影响了国际竞争力的增强。因此，国家十分强调要"大力发展高等职业教育"。

在过去的 10 年，中国高职教育规模得到迅猛的发展。独立设置院校数从 431 所增长到 1184 所，占普通高校总数的 61%；2008 年高职教育招生数达到 311 万人，比 1998 年增长了 6 倍，在校生近 900 万人，对高等教育进入大众化历史阶段发挥了重要的基础性作用。

2006 年 11 月 16 日，中华人民共和国教育部颁布文件《教育部关于全面提高高等职业教育教学质量的若干意见》（教高〔2006〕16 号）明确指出："高等职业教育作为高等教育发展中的一个类型，肩负着培养面向生产、建设、服务和管理第一线需要的高技能人才的使命，在中国加快推进社会主义现代化建设进程中具有不可替代的作用。"同时，开始实施被称为"高职 211 工程"的"国家示范性高等职业院校建设计划"，力争到 2020 年在内地出现 20 所文化底蕴丰厚、办学功底扎实、具有核心发展力且被国外高等职业教育界广泛认可的世界著名高职院校；重点建设 100 所办学特色鲜明、教学质量优良在全国起引领示范作用的高职院校；重点建设 1000 个技术含量高，社会适应性强，有地方特色和行业优势的品牌专业。截至 2008 年，中华人民共和国教育部和财政部已经正式遴选出了天津职业大学、成都航空职业技术学院、深圳职业技术学院等 100 所国家示范性高等职业院校建设单位和 8 所重点培育院校。自此，高等职业教育和高职院校进入了一个前所未有的新的发展历史时期。

《中共中央关于制定国民经济和社会发展第十二个五年规划的建议》中提到"加快教育改革发展。全面贯彻党的教育方针，保障公民依法享有受教育的权利，办好人民满意的教育。按照优先发展、育人为本、改革创新、促进公平、提高质量的要求，深化教育教学改革，推动教育事业科学发展。全面推进素质教育，遵循教育规律和学生身心发展规律，坚持德育为先、能力为重，促进学生德、智、体、美全面发展。积极发展学前教育，巩固提高义务教育质量和水平，加快普及高中阶段教育，大力发展职业教育，全面提高高等教育质量，加快发展继续教育，支持民族教育、特殊教育发展，建设全民学习、终身学习的学习型社会。"

《教育规划纲要》中也提出建立健全政府主导、行业指导、企业参与的办学机制，制定促进校企合作办学法规，推进校企合作制度化。鼓励行业组织、企业举办职业学校，鼓励委托职业学校进行职工培训。制定优惠政策，鼓励企业接收学生实习实训和教师实践，鼓励企业加大对职业教育的投入。

《国务院办公厅关于开展国家教育体制改革试点的通知》也提出改革职业教育办学模式，构建现代职业教育体系，提出了若干试点建设。其中天津分别被列入"建立健全政府主导、行业指导、企业参与的办学体制机制，创新政府、行业及社会各方分担职业教育基础能力建设机制，推进校企合作制度化"的试点城市；"开展中等职业学校专业规范化建设，加强职业学校'双师型'教师队伍建设，探索职业教育集团化办学模式"的试点城市；"探索建立职业教育人才成长'立交桥'，构建现代职业教育体系"的试点城市。

借助国家大力发展高等职业教育的东风，高职院校将优化资源配置，积极探索多样化的办学模式，促进教学改革和课程改革等。高职院校将有更多机会筹建各类实训基地、参与及组织各类职业技能竞赛，实现健全技能型人才培养体系，推动普通教育与职业教育相互沟通，相互借鉴，为学生提供更好的学习平台，提升学生的职业素养，与企业实现零距离接轨，更快地服务于区域经济发展。

三、专业、职业、工种、岗位的内涵

以工学结合为特色、以就业为导向、以服务为宗旨是高等职业院校的办学理念。鉴于此，学生入校以来就要和企业需求紧密结合。在入学之初，我们及早了解专业与职业、工种及岗位之间的联系，将更有利于开展今后的学习。

1. 专业

根据《普通高等学校高职高专教育专业设置管理办法（试行）》，由教育部组织制订的《普通高等学校高职高专教育指导性专业目录》（以下简称《目录》）是国家对高职高专教育进行宏观指导的一项基本文件，是指导高等学校设置和调整专业，教育行政部门进行教育统计和人才预测等工作的重要依据，也可作为社会用人单位选择和接收毕业生的重要参考。

其所列专业是根据高职高专教育的特点，以职业岗位群或行业为主兼顾学科分类的原则进行划分的，体现了职业性与学科性的结合，并兼顾了与本科目录的衔接。专业名称采取了"宽窄并存"的做法，专业内涵体现了多样性与普遍性相结合的特点，同一名称的专业，不同地区不同院校可以且提倡有不同的侧重与特点。《目录》分设农林牧渔、交通运输、生化与药品、资源开发与测绘、材料与能源、土建、水利、制造、电子信息、环保气象与安全、轻纺食品、财经、医药卫生、旅游、公共事业、文化教育、艺术设计传媒、公安、法律等。

2. 职业

职业是参与社会分工，利用专门的知识和技能，为社会创造物质财富和精神财富，获取合理报酬，作为物质生活来源，并满足精神需求的工作。中国职业的分类，根据中国不同部门公布的标准分类，主要有两种类型。

第一种：根据国家统计局、国家标准局、国务院人口普查办公室1982年3月公布，供第三次全国人口普查使用的《职业分类标准》。该标准依据在业人口所从事的工作性质的同一性进行分类，将全国范围内的职业划分为大类、中类、小类三层，即8大类、64中类、301小类。其8个大类的排列顺序是：第一，各类专业、技术人员；第二，国家机关、党群组织、企事业单位的负责人；第三，办事人员和有关人员；第四，商业工作人员；第五，服务性工作人员，第六，农林牧渔劳动者；第七，生产工作、运输工作和部分体力劳动者；第八，不便分类的其他劳动者。在 8 个大类中，第一二大类主要是脑力劳动者，第三大类包括部分脑力劳动者和部分体力劳动者，第四、五、六、七大类主要是体力劳动者，第八类是不便分类的其他劳动者。

第二种：国家发展计划委员会、国家经济委员会、国家统计局、国家标准局批准，于 1984 年发布，并于 1985 年实施的《国民经济行业分类和代码》。这项标准主要按企业、事业单位、机关团体和个体从业人员所从事的生产或其他社会经济活动的性质的同一性分类，即按其所属行业分类，将国民经济行业划分为门类、大类、中类、小类四级。门类共 13 个：①农、林、牧、渔、水利业；②工业；③地质普查和勘探业；④建筑业；⑤交通运输业、邮电通信业；⑥商业、公共饮食业、物资供应和仓储业；⑦房地产管理、公用事业、居民服务和咨询服务业；⑧卫生、体育和社会福利事业；⑨教育、文化艺术和广播电视业；⑩科学研究和综合技术服务业；⑪金融、保险业；⑫国家机关、党政机关和社会团体；⑬其他行业。这两种分类方法符合中国国情，简明扼要，具有实用性，也符合中国的职业现状。

（1）职业资格 职业资格是对从事某一职业所必备的学识、技术和能力的基本要求。职业资格包括从业资格和执业资格。从业资格是指从事某一专业（职业）学识、技术和能力的起点标准。执业资格是指政府对某些责任较大，社会通用性强，关系公共利益的专业（职业）实行准入控制，是依法独立开业或从事某一特定专业（职业）学识、技术和能力的必备标准。

（2）职业资格证书 职业资格证书是劳动就业制度的一项重要内容，也是一种特殊形式的国家考试制度。它是指按照国家制定的职业技能标准或任职资格条件，通过政府认定的考核鉴定机构，对劳动者的技能水平或职业资格进行客观公正、科学规范的评价和鉴定，对合格者授予相应的国家职业资格证书。

《中华人民共和国劳动法》第八章第六十九条规定："国家确定职业分类，对规定的职业制定职业技能标准，实行职业资格证书制度，由经过政府批准的考核鉴定机构负责对劳动者实施职业技能考核鉴定。"

《中华人民共和国职业教育法》第一章第八条明确指出:"实施职业教育应当根据实际需要,同国家制定的职业分类和职业等级标准相适应,实行学历文凭、培训证书和职业资格证书制度"。

这些法律条款确定了国家推行职业资格证书制度和开展职业技能鉴定的法律依据。

(3)职业资格等级证书等级 中国职业资格证书分为 5 个等级:初级工(五级)、中级工(四级)、高级工(三级)、技师(二级)和高级技师(一级)。

3. 工种

工种是根据劳动管理的需要,按照生产劳动的性质、工艺技术的特征或者服务活动的特点而划分的工作种类。

目前大多数工种是以企业的专业分工和劳动组织的基本状况为依据,从企业生产技术和劳动管理的普遍水平出发,为适应合理组织劳动分工的需要,根据工作岗位的稳定程度和工作量的饱满程度,结合技术发展和劳动组织改善等方面的因素进行划分的。

如医药特有工种职业(工种)目录涉及化学合成制药工工种 47 种,生化药品制造工的生化药品提取工、发酵工程制药工微生物发酵工等 6 种,药物制剂工工种 31 种,药物检验工工种 7 种,实验动物饲养工、药理实验动物饲养工,医药商品储运员(含医疗器械)工种 5 种,淀粉葡萄糖制造工工种 12 种。

4. 岗位

岗位是组织为完成某项任务而确立的,由工种、职务、职称和等级内容组成。岗位职责指一个岗位所要求的需要去完成的工作内容以及应当承担的责任范围。

医药电子商务涉及医药网站的开发与维护、药品网络宣传与介绍、电子订单的生成与处理、客户服务、药品物流与配送等方面,意味着在相应方面均有基层工作和管理、监督检查人员。每一环节均有其对应的岗位及岗位职责。

总体来看，选择学习了哪一专业，就意味着今后进入哪一行业，从事何种职业的机会更大一些。要积极面对专业课程的学习，同时寻求拓展专业知识的机会，有条件的基础上，可以自学其他专业的课程，增加自己的职场竞争力。

四、高等职业教育实行"双证书"制度

所谓"双证书"制度，是指高职院校毕业生在完成专业学历教育获得毕业文凭的同时，必须参与其专业相衔接的国家就业准入资格考试并获得相应的职业资格证书。即高等职业院校的毕业生应取得学历和技术等级或职业资格两种证书的制度。

高职学历证书与职业资格证书既有紧密联系，又有明显区别。高职学历教育与职业资格证书制度的根本方向和主要目的具有一致性，都是为了促进从业人员职业能力的提高，有效地促进有劳动能力的公民实现就业和再就业，二者都以职业活动的需要作为基本依据。但是，二者又不能相互等同、相互取代。职业资格标准的确定仅以社会职业需要为依据，是关于"事"的标准，主要是为了维护用人单位的利益和社会公共利益。学历教育与职业资格的考核方式也存在明显不同。职业资格鉴定只是一种终结性的考核评价，而学历教育既注重毕业时和课程结束时的终结性考核评价，更注重学习过程中的发展性评价。为了达到教育目标，学历教育可以采用标准参照，也可以采用常模参照，而职业资格鉴定仅采用标准参照。此外，职业资格鉴定要规定从业者的工作经历，而毕业证书的发放则要规定学习者的学习经历。

"双证书"制度是在高等职业教育改革形势下应运而生的一种新的制度设计，是对传统高职教育的规范和调整。实行"双证书"制度是国家教育法规的要求，是人才市场的要求，也是高等职业教育自身的特性和社会的需要。

1. 实行双证书制度是国家教育法规的要求

几年来国家在许多法规和政策性文件中提出了实行"双证书"制度的要求。1996 年颁布的《中华人民共和国职业教育法》规定"实施职业教

育应当根据实际需要，同国家制定的职业分类和职业等级标准相适应，实行学历证书、培训证书和职业资格证书制度。"并明确"学历证书、培训证书按照国家有关规定，作为职业学校、职业培训机构的毕业生、结业生从业的凭证。"1998年国家教委、国家经贸委、劳动部《关于实施〈职业教育法〉加快发展职业教育的若干意见》中详细说明："要逐步推行学历证书或培训证书和职业资格证书两种证书制度。接受职业学校教育的学生，经所在学校考试合格，按照国家有关规定，发给学历证书；接受职业培训的学生，经所在职业培训机构或职业学校考核合格，按照国家有关规定，发给培训证书。对职业学校或职业培训机构的毕（结）业生，要按照国家制定的职业分类和职业等级、职业技能标准，开展职业技能考核鉴定，考核合格的，按照国家有关规定，发给职业资格证书。学历证书、培训证书和职业资格证书作为从事相应职业的凭证。"《教育规划纲要》提到要增强职业教育吸引力，完善职业教育支持政策。积极推进学历证书和职业资格证书"双证书"制度，推进职业学校专业课程内容和职业标准相衔接。完善就业准入制度，执行"先培训、后就业"、"先培训、后上岗"的规定。

以上这些，为实行"双证书"制度提供了法律依据和政策保证。

2. 实行"双证书"制度是社会人才市场的要求

随着社会主义市场经济的发展，社会人才市场对从业人员素质的要求越来越高，特别是对高级实用型人才的需求更讲究"适用"、"效率"和"效益"，要求应职人员职业能力强，上岗快。这就要求高等职业院校的毕业生，在校期间就要完成上岗前的职业训练，具有独立从事某种职业岗位工作的职业能力。"双证书"制度正是为此目的而探索的教育模式，职业资格证书是高职毕业生职业能力的证明，谁持有的职业资格证书多，谁的从业选择性就大，就业机会就多。

3. 实行"双证书"制度是高职教育自身的特性

高等职业教育是培养面向基层生产、服务和管理第一线的高级实用型人才。双证书是实用型人才的知识、技能、能力和素质的体现和证明，特别是技术等级证书或职业资格证书是高等职业院校毕业生能够直接从事某种职业岗位的凭证。因此，实行"双证书"制度是高等职业教育自身的特性和实现培养目标的要求。

高等职业教育实行"双证书"制度主旨在于提高高职院校学生的就业竞争力，确保学生毕业后能够学有所有，大力服务于企业发展及社会主义经济建设。

五、高职毕业生，职场上的香饽饽

1. 全国就业整体形势

《国务院关于批转促进就业规划（2011~2015年）的通知》中对"十二五"时期面临的就业形势做出明确阐述："十二五"时期，中国就业形势将更加复杂，就业总量压力将继续加大，劳动者技能与岗位需求不相适应、劳动力供给与企业用工需求不相匹配的结构性矛盾将更加突出，就业任务更加繁重。

2. 政策措施

（1）促进以创业带动就业　健全创业培训体系，鼓励高等和中等职业学校开设创业培训课程。健全创业服务体系，为创业者提供项目信息、政策咨询、开业指导、融资服务、人力资源服务、跟踪扶持，鼓励有条件的地方建设一批示范性的创业孵化基地。

（2）统筹做好城乡重点群体就业工作　其中就明确要切实做好高校毕业生和其他青年群体的就业工作。

一方面继续把高校毕业生就业放在就业工作的首位，积极拓展高校毕业生就业领域，鼓励中、小企业吸纳高校毕业生就业。鼓励引导高校毕业生面向城乡基层、中西部地区以及民族地区、贫困地区和艰苦边远地区就业，落实各项扶持政策。

另一方面，鼓励高校毕业生自主创业，支持高校毕业生参加就业见习和职业培训。

3. 大力培养急需紧缺人才

"十二五规划"提出教育和人才工作发展任务，创新驱动实施科教兴国和人才强国战略。其中提到促进各类人才队伍协调发展。涉及要大力开发装备制造、生物技术、新材料、航空航天、国际商务、能源资源、农业科技等经济领域和教育、文化、政法、医药卫生等社会领域急需紧缺专门人才，统筹推进党政及企业经营管理、专业技术、高技能、农村实用、社会工作等各类人才队伍建设，实现人才数量充足、结构合理、整体素质和创新能力显著提升，满足经济社会发展对人才的多样化需求。

4. 高职生就业现状

在政策扶持下，高职高专院校就业率连年攀升。经过多年的发展，秉持着"以就业为导向"的办学目标，目前国内不少高职高专院校终于百炼成钢，摸准了市场的脉搏，按照市场需求培养的学生就成了就业市场上的"香饽饽"。

高职院校就业率高的主要原因在于培养的人才"适销对路"，职业能力强、专业对口人才紧缺、订单式培养是高职毕业生就业率走高的根本原因。各高职院校积极地与企业合作，根据市场需求进行课程开发；通过校企合作，企业把车间搬到学院，或者学生到企业以场中校的形式，把学生的实践环节做足做实，真正地与就业零距离接触。再者，现在越来越多的用人单位讲究人才的优化配置，做到人岗匹配，对某些岗位来说，录用高职生比录用本科生可以花费更少的薪酬及培训成本，却能获得更好的用人效果。

很多高职学生通过在校期间参加各类实训、工学交替、订单培养班及技能大赛等，练就了一身本领，拿到了相关的职业资格证书，掌握了企业急需的专业技能，这些磨砺使企业看到了他们的价值，帮助他们确立了在企业中的工作岗位，有些甚至成为用人单位后备人才培养对象。

社会经济发展趋势及企业对技能型人才的需求越旺盛，高职毕业生的优势就越来越凸现，有些高职毕业生还没有毕业就被用人单位提前预订一空，有些在学期间就能拿着比不少本科毕业生还要高的薪水。

当然，高职毕业生不应满足于眼前的高就业率，更应为个人今后长期的职业发展，做出更好的规划，要不断提升个人学历层次或是提升技能水平，以满足不断变化的市场需求，长期处于优势地位。

模块二　学习技能

【学习目标】

知识目标：了解专业基本情况，本专业的课程设置及技能要求。

技能目标：掌握本专业的主要技能目标，为技能学习做准备，激发学习兴趣。

任务一　学技能，三年早知道

一、专业名称

电子商务（医药）。

二、专业代码

620405。

三、招生对象

普通高中毕业生及同等学力人员。

四、学制与学历

三年，大学专科。

五、电子商务（医药）专业人才培养现状分析

据不完全统计，全国高职院校开设电子商务专业的有734所，其中天津市15所，但是开办电子商务（医药）的院校仅山西药科职业学院一所院校。每年招生计划50~60人，目前在校生人数100人，尚无学生毕业。

山西药科职业学院电子商务（医药）专业培养目标：医药电子商务专业是电子商务技术应用于医药健康产业的新型复合型专业，本专业培养具有医药网络营销、医药电子商务网站建设、医药客户关系管理、医药信息业务管理、药品招标采购等岗位群需要的高素质、高技能专门人才。

六、就业岗位

（一）就业职业领域

本专业毕业生就业的职业领域为医药流通行业电子商务管理领域和医药电子商务平台技术应用开发领域。

（二）初始就业岗位群

本专业毕业生就业面向的核心岗位群为医药行业电子商务的医药网络营销员岗、医药电子商务业务员岗、客户服务岗、网页编辑岗、网站维护岗等工作。拓展岗位群为医药电子商务平台技术开发岗。

1. 医药网络营销员岗

该岗位主要是负责公司网站品牌和产品的网络推广；根据公司总体市场战略及网站特点，确定网站推广目标和推广方案；与各部门沟通，细化确认需求，按时保质完成网站推广任务；策划、执行在线推广活动，收集推广反馈数据，不断改进推广效果；评估、分析网站的关键词等，提高网站排名，利用多种技术形式提升网站人气；与其他网站进行网站间的资源互换等合作，负责日常合作网站的管理及维护；开发拓展合作的网络媒体，提出网站运营的改进意见和需求等；熟悉所有的网络推广手段，精通BBS、社区、blog、微信等新兴网络功能，能够在各类网站宣传推广公司产品。

2. 医药电子商务业务员岗

该岗位在企业里主要负责管理电子商务平台的商品订单管理及日常平台操作；负责电子商务平台的交易投诉和对平台的服务质量和用户满意度调查；能够及时准确地执行平台营销的各种工作；配合电子商务部门经理的工作；负责产品电子商务相关数据搜集和维护；负责并每天出具电子商务报告。

3. 客户服务岗

该岗位主要是负责在线解答客户的咨询并进行合理引导，促成销售订单的完成；负责确认客户资料及订购信息，及时准确回答客户提出的问题，在解答过程中要使用网络文明用语；对公司客户群进行维护与管理；对于中、差评应及时联系买家；有效地做好客户回访工作。

4. 网页编辑岗

该岗位主要负责公司网站网页设计制作；网站广告设计；能熟练使用Photoshop、DreamWeaver、Fireworks等流行设计软件；熟练把握网站宣传的各元素和要件，有扎实的美术功底、良好的创意思维和理解能力；熟悉网站开发流程。

5. 网站维护岗

该岗位主要负责应用系统的审核、部署、发布、监控、维护和优化；负责突发事件管理，问题跟踪与管理，提供运维报告；负责应用系统的性能分析与系统优化，不断提高系统运行效率；协调开发部门，配置管理，基础运维，监控中心等各个部门，更好提供服务；负责开发团队的产品发布上线，发布脚本和环境维护；处理系统异常故障。要求改岗位工作人员熟悉 Oracle、Mysql、SQL Server 数据库，能熟练使用 SQL 语句；熟悉shell、perl、python、java、php 脚本或开发语言一种及以上。

（三）发展岗位群

在各医药电子商务企业从事药品网络营销经理工作（5 年至 8 年以上）；医药电子商务企业从事药品网络客户经理工作（5 年至 8 年以上）；医药电子商务企业从事药品网络业务经理工作（3 年至 5 年以上）；医药企

业从事医药网站技术顾问工作（2 年至 4 年以上）。

七、人才培养目标与规格（含取证）

（一）培养目标

本专业培养面向大、中型医药企业具备药品专业知识，能够熟练利用计算机网络技术，在现代医药流通领域从事网络营销与服务、电子商务应用系统运行与维护等工作的技术技能型人才。

（二）培养规格

1. 基本素质

热爱社会主义祖国，拥护党的基本路线，了解马克思列宁主义、毛泽东思想、邓小平理论、"三个代表"重要思想以及科学发展观的基本原理，具有爱国主义、集体主义、社会主义思想和良好的思想品德。

2. 知识要求

（1）具备医药基础、中医基础、方剂与中成药及实用药物商品等医药专业知识；

（2）具备计算机软件、硬件及网络技术等计算机信息技术知识；

（3）具备市场营销、消费心理、物流技术及财务知识等商务知识；

（4）具备电子商务原理、网络营销、网上支付与结算及 ERP 原理等信息技术应用于商务领域的知识；

（5）了解医药行业电子商务发展动态，熟悉医药电子商务领域法律法规。

3. 能力要求

（1）具有准确介绍药品相关知识的能力；

（2）具有医药商务信息搜集、整理和分析并运用网络工具进行营销的能力；

（3）具有电子商务平台应用及网上支付结算的能力；

（4）具有良好的沟通能力及客户管理能力；

（5）具有计算机组装、软件调试及系统维护等计算机应用能力；

（6）具有网页、图像、动画设计与制作技巧的能力；

（7）具有一定的基础英语、专业英语阅读能力和一定的英语交际能力。

4. 职业态度

（1）具有依法从业的观念；

（2）有强烈的质量意识和安全卫生意识；

（3）富有爱心、同情心、责任感；

（4）诚实守信、谦虚正直、沟通合作；

（5）具有理智、乐观、豁达的性格，具备自我心理调整能力。

（三）毕业条件

本专业学生必须修完专业人才培养方案规定课程，成绩达合格标准，完成相应的顶岗实习及毕业设计，并获取英语应用能力证书、计算机一级证书、助理电子商务师（或淘宝大学电子商务平台应用专员资格认证）和医药商品购销员（高级工）职业资格证书后，准许毕业。

本专业毕业生可获取的职业资格证书见表2-1。

表2-1　毕业生可获取的职业资格证书

证书名称	等级	获取学期	备注
助理电子商务师	国家职业三级	5	必考
医药商品购销员	国家职业三级	4	必考
电子商务平台应用专员	淘宝认证	5	鼓励
电子商务师	国家职业二级		毕业后5年

（四）学生拓展能力

1. 英语四、六级考试

英语四、六级考试是教育部主管的一项全国性的英语考试，其目的是对大学生的实际英语能力进行客观、准确的测量，为大学英语教学提供测评服务。大学英语考试是一项大规模标准化考试，是一个"标准关联的常模参照测验"。大学英语四、六级考试作为一项全国性的教学考试由"国家教育部高教司"主办，分为四级考试（CET－4）和六级考试（CET－6），每年各举行两次。从 2005 年 1 月起，成绩满分为 710 分，由国家教育部高教司委托"全国大学英语四六级考试委员会"给每位考生发成绩单。2013 年 12 月考试起，全国大学英语四、六级考试委员会对四、六级考试的试卷结构和测试题型作了局部调整。调整后，四级和六级的试卷结构和测试题型相同。

2. 计算机等级考试

全国计算机等级考试（National Computer Rank Examination，简称 NCRE），是经原国家教育委员会（现教育部）批准，由教育部考试中心主办，面向社会，用于考查应试人员计算机应用知识与技能的全国性计算机水平考试体系。NCRE 考试采用全国统一命题，统一考试的形式。从 2014 年开始每年开考次数由两次增为 3 次，为 3 月 29 日至 4 月 1 日、9 月 20 日至 23 日和 12 月 12 日至 12 月 15 日，考试持续 4 天。其中 3 月和 9 月开考所有等级所有科目，12 月份为首次试点考试，只开考一级和二级，各省级承办机构可根据实际情况决定是否开考，并确定试点考点。具体考试周期及试点情况由省级承办机构确定。

全国计算机等级考试设 4 个等级。它不以评价教学为目的，考核内容不是按照学校要求设定，而是根据社会不同部门应用计算机的不同程度和需要、国内计算机技术的发展情况以及中国计算机教育、教学和普及的现状而确定的；它以应用能力为主，划分等级，分别考核，为人员择业、人才流动提供其计算机应用知识与能力水平的证明。全国计算机等级考试及科目设置如表 2－2 所示。

表 2－2　全国计算机等级考试级别及科目设置（2013 年）

级别	科目名称	科目代码	考试时间	考试方式
一级	计算机基础及 WPS Office 应用	14	90 分钟	无纸化
	计算机基础及 MS Office 应用	15	90 分钟	无纸化
	计算机基础及 Photoshop 应用	16	90 分钟	无纸化

续表

级别	科目名称	科目代码	考试时间	考试方式
二级	C 语言程序设计	24	120 分钟	无纸化
	VB 语言程序设计	26	120 分钟	无纸化
	VFP 数据库程序设计	27	120 分钟	无纸化
	Java 语言程序设计	28	120 分钟	无纸化
	Access 数据库程序设计	29	120 分钟	无纸化
	C++语言程序设计	61	120 分钟	无纸化
	MySQL 数据库程序设计	63	120 分钟	无纸化
	Web 程序设计	64	120 分钟	无纸化
	MS Office 高级应用	65	120 分钟	无纸化
三级	网络技术	35	120 分钟	无纸化
	数据库技术	36	120 分钟	无纸化
	软件测试技术	37	120 分钟	无纸化
	信息安全技术	38	120 分钟	无纸化
	嵌入式系统开发技术	39	120 分钟	无纸化
四级	网络工程师	41	90 分钟	无纸化
	数据库工程师	42	90 分钟	无纸化
	软件测试工程师	43	90 分钟	无纸化
	信息安全工程师	44	90 分钟	无纸化
	嵌入式系统开发工程师	45	90 分钟	无纸化

3. 会计从业资格证

《会计从业资格证》是具有一定会计专业知识和技能的人员从事会计工作的资格证书，是从事会计工作必须具备的基本最低要求和前提条件，是证明能够从事会计工作的惟一合法凭证，是进入会计岗位的"准入证"，是从事会计工作的必经之路，它是一种资格证书，是会计工作的"上岗证"，不分级，由于会计是一项政策性、专业性很强的技术工作，会计人员的专业知识水平和业务能力如何，直接影响会计工作的质量，从事会计工作的人员必须具备必要的专业知识。因此，凡是从事会计工作的会计人员必须取得会计从业资格证书，才能从事会计工作。

考试科目为《会计电算化》、《财经法规与会计职业道德》和《会计基础》三科，全部实行统一考试，且必须一次考试通过。三科考试通过的考生，可以在 6 个月内向企业所在区的财政部门申领《会计从业资格证》。

八、职业能力分析

电子商务（医药）取业能力分析如表 2 - 3 所示。

表 2 - 3　电子商务（医药）职业能力分析

发展岗位	岗位	任务	专项能力
网络营销经理	1 医药网络营销员	1 - 1 医药网络商务信息处理	1 - 1 - 1 使用搜索引擎采集医药商务信息的能力
			1 - 1 - 2 使用电子邮件搜集医药电子商务信息的能力
			1 - 1 - 3 利用网上调查问卷收集医药商务信息的能力
			1 - 1 - 4 通过信息技术将医药商务信息提取和存储的能力
			1 - 1 - 5 将医药商务信息进行整理、分类和筛选的能力
			1 - 1 - 6 运用邮件列表发布医药商业信息的能力
			1 - 1 - 7 运用企业网站发布医药商业信息的能力
			1 - 1 - 8 运用网络博客发布医药企业商业信息的能力
			1 - 1 - 9 诚信经商，仔细做事的素质能力
			1 - 1 - 10 团队合作，有效沟通的素质能力
	1 医药网络营销员	1 - 2 医药企业网站规划与设计	1 - 2 - 1 具有了解医药网站栏目结构、网页布局和网页导航的能力
			1 - 2 - 2 通过企业网站介绍药品信息和医药公司信息的能力
			1 - 2 - 3 通过企业网站提供药品选购和药品保管与养护的能力
			1 - 2 - 4 利用企业网站发布药品说明书
			1 - 2 - 5 在线解答常用药品的咨询和选购的能力
			1 - 2 - 6 确保注册用户个人信息的保密和安全
			1 - 2 - 7 定期向注册用户发送有价值的医药信息的能力
			1 - 2 - 8 为注册用户提供版块发表观点并与其他用户交流的能力
			1 - 2 - 9 为会员用户提供优惠券打印、驱动程序下载、免费研究报告等内容
			1 - 2 - 10 确保客户能够在线管理药品订单的能力
			1 - 2 - 11 为在线客户提供药品站内检索的能力
			1 - 2 - 12 及时对药品企业网站进行流量统计的能力
			1 - 2 - 13 提供详细完整的药品企业联系方式的能力
			1 - 2 - 14 提供药品企业可信性 ICP 证书
			1 - 2 - 15 与人沟通顺畅、坚守工作岗位的能力

续表

发展岗位	岗位	任务	专项能力
网络营销经理	1 医药网络营销	1－3 医药企业网站推广	1－3－1 熟悉计算机操作，能优化网站建设的能力
			1－3－2 了解搜索引擎的工作原理，能够利用搜索引擎对医药企业网站进行推广的能力
			1－3－3 掌握搜索关键词选择的技巧，能够合理运用关键词提高医药企业检索排名的能力
			1－3－4 完成搜索引擎的注册
			1－3－5 注册博客推广医药企业的能力
			1－3－6 通过发表文章，提供有价值的信息、优化博客内容的能力
			1－3－7 注册论坛用户，在论坛上发表药品相关内容的话题
			1－3－8 能及时关注相关博客和论坛，实现宣传推广医药企业网站的能力
			1－3－9 通过友情链接增加医药企业网站访问量的能力
			1－3－10 认真细心，条理性清晰
		1－4 医药网络广告宣传	1－4－1 熟悉医药网络广告的形式，能够合理运用网络广告、文本链接广告和弹出式广告的能力
			1－4－2 了解医药网络广告的计费模式
			1－4－3 了解医药网络广告策划目的和内容
			1－4－4 了解医药网络广告预算及影响因素
			1－4－5 了解医药网络广告预算的分配方式
			1－4－6 熟悉医药广告发布的代理商，了解代理商的运作流程的能力
			1－4－7 通过对医药广告的分析能够选择适合的广告代理商的能力
			1－4－8 能够按照医药企业的要求对网络广告的发布途径进行选择的能力
			1－4－9 熟悉医药网络广告发布的规范性文件
			1－4－10 能够合理运用医药广告发布技巧，提高网络广告宣传效率的能力
			1－4－11 能够熟练运用点击率、业绩增长率、回复率等指标对医药网络广告的效果进行评价，并汇总评价结果的能力
			1－4－12 逻辑性强，书面语言流畅

续表

发展 岗位	岗位	任务	专项能力
网络 营销 经理	1 医药网络营销员	1－5 药品网络广告制作与发布	1－5－1 了解医药企业运用搜索引擎营销的特点和使用现状的能力
			1－5－2 能够运用搜索引擎优化、搜索引擎广告、竞价排名或关键词广告等形式开展药品营销的能力
			1－5－3 能够通过浏览记录、流量来源、访客特征、网站访问量等指标对搜索引擎药品营销的效果进行测评的能力
			1－5－4 根据搜索引擎药品营销效果的分析，完成用户搜索行为的数据统计和分析，并能提出合理化建议的能力
			1－5－5 能够按照药品企业的营销计划开展多种形式的 E－mail 药品营销
			1－5－6 通过 E－mail 实现药品企业品牌形象推广的能力
			1－5－7 通过 E－mail 实现药品服务推广的能力
			1－5－8 通过 E－mail 药品营销增强顾客关系、提高服务顾客的能力
			1－5－9 正确利用 E－mail 开展药品市场调研的能力
			1－5－10 具备及时回复，语言礼貌，了解网络用语的能力
			1－5－11 根据药品实际情况进行一对一邮件营销或群发邮件营销的能力
			1－5－12 利用邮件列表开展药品 E－mail 营销
			1－5－13 能够合理运用体育赞助、新闻舆论、明星效应等形式开展药品事件营销的能力
			1－5－14 具备注册账号、上传头像、论坛发帖的能力
			1－5－15 了解论坛术语，并能灵活运用进行药品营销的能力
			1－5－16 能够运用规范的文字实现论坛发帖，突出药品优势和特点的能力
			1－5－17 发帖完成后，能够及时跟踪与维护，检测论坛对药品营销带来的效果
			1－5－18 能够选择适合医药企业博客平台，并完成博客的注册与开通能力
			1－5－19 能够利用博客发表药品相关的博文进行药品营销的能力
			1－5－20 坚持定期更新博客，不断完善的能力
			1－5－21 通过博客实现分享和交流的能力，并以此作为药品营销的手段
			1－5－22 具备将博文转载到医药论坛社区的能力，进一步开展口碑营销

续表

发展岗位	岗位	任务	专项能力
网络营销经理	发展能力		将医药商务信息进行加工和分析的能力
			了解医药广告的发展趋势，有一定的前瞻性
			网络营销方案策划能力
			良好的组织协调能力
药品网络业务经理	2 医药电子商务业务专员	2-1 药品信息发布与维护	2-1-1 登录交易平台的能力
			2-1-2 采集药品信息的能力
			2-1-3 发布药品信息的能力
			2-1-4 发布网上药店药品促销信息的能力
			2-1-5 设置网上药店药品信息更新权限的能力
			2-1-6 审核网上药店药品信息更新内容的能力
			2-1-7 发布电子合同书的能力
			2-1-8 制定网站业务流程文档，并发布到网站平台的能力
			2-1-9 按照营销计划及时更新药品销售信息的能力
			2-1-10 实时调整库存的能力
			2-1-11 及时删除下架药品信息的能力
		2-2 订单生成与受理	2-2-1 管理订单流程的能力
			2-2-2 整理汇总用户订单的能力
			2-2-3 根据物流配送部门同步来的流程信息，更新网站订单状态的能力
			2-2-4 根据客户服务部门同步来的信息，更新网站订单状态的能力
			2-2-5 及时将订单信息传递给有关的部门和人员的能力
			2-2-6 具备积分生成、审核、发送等积分管理的能力
			2-2-7 处理退换药品订单的能力
		2-3 药品配送	2-3-1 根据订单信息选择配送政策的能力
			2-3-2 根据客户需求选择恰当配送方式的能力
			2-3-3 按照订单正确分拣药品的能力
			2-3-4 根据订单信息开具发票的能力
			2-3-5 根据药品特性正确包装的能力
			2-3-6 准确书写收件人信息的能力
			2-3-7 及时配送跟踪订单的能力

续表

发展岗位	岗位	任务	专项能力
药品网络业务经理	2 医药电子商务业务专员	2-4 网上支付结算	2-4-1 确定订单支付方式的能力
			2-4-2 熟悉网上银行支付方式的能力
			2-4-3 熟悉网上银行支付流程的能力
			2-4-4 具备网上银行安全技术能力
			2-4-5 熟悉电话银行支付流程的能力
			2-4-6 具备电话银行安全技术能力
			2-4-7 熟悉手机银行支付流程的能力
			2-4-8 具备手机银行安全技术能力
			2-4-9 熟悉第三方支付的方式及流程的能力
			2-4-10 具备第三方支付风险防范能力
			2-4-11 熟悉传统支付方式及流程的能力
			2-4-12 确认收款的能力
			2-4-13 了解中国电子支付监管政策的能力
	发展能力		定期统计订单信息并形成有关报表的能力
			特殊业务处理能力
			良好的组织协调能力
药品网络客户经理	3 客户服务专员	3-1 药品售前客户服务	3-1-1 准确界定处方药与非处方药的能力
			3-1-2 熟悉网店药品的功能主治、用法用量、禁忌事项及价格等相关药品知识的能力
			3-1-3 标准使用普通话的能力
			3-1-4 用简短专业英文解答外籍顾客疑问的能力
			3-1-5 运用聊天交互工具及通讯工具的能力
			3-1-6 熟练、准确地使用各种礼貌用语的能力
			3-1-7 分析把握客户心理的能力
			3-1-8 从顾客角度出发思考问题的能力
			3-1-9 获得顾客信任的能力
			3-1-10 信息采集反馈能力

续表

发展岗位	岗位	任务	专项能力
药品网络客户经理	3 客户服务专员	3－2 药品售后客户服务	3－2－1 熟悉 GSP 有关规定的能力
			3－2－2 具备经济法律常识的能力
			3－2－3 查询跟踪订单的能力
			3－2－4 按规定处理退换货业务的能力
			3－2－5 按规定开具发票并传递给配送部门的能力
			3－2－6 按规定传递有关票证的能力
			3－2－7 及时传递客户意见的能力
		3－3 客户管理	3－3－1 采集客户信息的能力
			3－3－2 整理统计客户信息的能力
			3－3－3 客户满意度调查的能力
			3－3－4 倾听客户投诉并及时反馈信息的能力
			3－3－5 分析潜在客户的能力
			3－3－6 分析客户流失原因的能力
			3－3－7 分析忠诚客户的能力
			3－3－8 定期回访的能力
	发展能力		良好的组织协调能力
			客户需求分析能力
			突发事件应急处理能力
网站技术顾问	4 网页编辑岗	4－1 网页设计	4－1－1 网上药店主题分析的能力
			4－1－2 网上药店用户分析的能力
			4－1－3 网上药店需求分析的能力
			4－1－4 网上药店网页布局设计的能力
			4－1－5 网上药店网页文字、图像编排能力
			4－1－6 网上药店网上导航设计能力
			4－1－7 网上药店网页视觉设计能力
			4－1－8 合理规划页面的能力
			4－1－9 版面效果设计的能力

续表

发展岗位	岗位	任务	专项能力
网站技术顾问	4 网页编辑岗	4－2 静态网页制作	4－2－1 安装网页制作软件、IIS 的能力
			4－2－2 设置网页编辑器的能力
			4－2－3 收集网页素材的能力
			4－2－4 制作网页素材的能力
			4－2－5 建立网页框架结构的能力
			4－2－6 创建网页 CSS 样式的能力
			4－2－6 添加网页内容、设置链接的能力
			4－2－8 制作二级页面的能力
		4－3 动态网页制作	4－3－1 熟练使用一种脚本语言的能力
			4－3－2 熟练使用一种数据库语言的能力
			4－3－3 配置动态网页制作环境的能力
			4－3－4 建立数据库链接的能力
			4－3－5 编辑与设置数据源的能力
			4－3－6 设置页面动态内容的能力
	5 网站维护岗	5－1 硬件系统维护	5－1－1 操作计算机的能力
			5－1－2 维修或更换出现故障的计算机及配件的能力
			5－1－3 使用网络设备的能力
			5－1－4 维修或更换出现故障的网络设备的能力
			5－1－5 确保良好的电磁兼容工作环境的能力
			5－1－6 选择合适的高性能硬件平台的能力
			5－1－7 运用有效安全的防护硬件技术
			5－1－8 建立并落实机房管理制度的能力
			5－1－9 建立并使用安全监控系统的能力
		5－2 软件系统维护	5－2－1 使用计算机操作系统的能力
			5－2－2 排除或解决计算机系统运行中常见故障的能力
			5－2－3 升级或更新操作系统软件的能力
			5－2－4 使用常用计算机网络应用系统软件的能力
			5－2－5 排除或解决计算机网络系统运行中常见故障的能力
			5－2－6 升级或更新计算机网络系统软件的能力
			5－2－7 系统权限控制的能力
			5－2－8 安装计算机防病毒软件的能力
			5－2－9 安装防火墙软件的能力
			5－2－10 运用数据加密技术的能力

续表

发展岗位	岗位	任务	专项能力
网站技术顾问	5 网站维护岗	5－3 网站更新与维护	5－3－1 采集行业企业信息的能力
			5－3－2 编辑更新信息的能力
			5－3－3 处理和优化图片的能力
			5－3－4 在线上传图片的能力
			5－3－5 在线更改网站信息的能力
			5－3－6 上传和发布信息的能力
		5－4 网站论坛维护	5－4－1 制定论坛规则的能力
			5－4－2 设置论坛访问权限的能力
			5－4－3 维护论坛秩序的能力
			5－4－4 提高论坛交流积极性的能力
			5－4－5 论坛系统信息管理的能力
			5－4－6 论坛系统运行管理的能力
	发展能力		企业网站编辑与更新的审查能力
			良好的组织协调能力
			突发事件处理能力

九、课程开发原则与方法

（一）以社会需求为依据

高等职业教育与科学技术、经济和社会发展密切相关，因此，设置能满足新技术、新职业岗位需求的新专业必须以社会需求为依据。在制定电子商务（医药）专业人才培养方案初期，我们就制定了专业调研计划，确定了调研时间、调研企业、调研岗位及调研的内容，并对重点企业进行了多次实地调研。通过企业调研了解行业的发展趋势，企业对用工岗位的需求情况，企业具体岗位的工作任务及应当具备的工作能力等内容。在经过充分调研了解社会需求情况的基础上，确定了本专业培养目标及本专业的岗位工作群。

（二）以职业能力为本位

对职业能力的把握是完成职业岗位（群）工作任务所要求的综合职业

能力，它不仅仅指技能与知识，还包括态度与情感。在调研的基础上，按照确定的岗位（群），以工作任务为线索进行了职业能力分析，确定了电子商务（医药）专业学生应当具备的职业能力。

（三）以相关国家标准为参考

在确定了电子商务（医药）专业职业能力的基础上，我们进一步比照电子商务师国家职业标准和电子商务专业国家教学标准，进一步验证电子商务（医药）专业职业能力分析的可靠性，同时寻找与国家标准的差异，进一步完善电子商务（医药）专业的职业能力分析。

（四）以核心能力为核心

在完成电子商务（医药）专业职业能力分析的基础上，通过分析汇总，并结合工作岗位寻找职业能力中的核心能力；通过确定职业的核心能力，从而确定本专业的核心课程；在确定本专业核心课程的基础上，结合职业能力分析，寻求核心课程的辅助职业技术课程和核心课程的支撑课程，确定电子商务（医药）专业的课程体系。

（五）以工作结构为框架

在确定电子商务（医药）专业课程体系的基础上，以职业岗位工作任务的相关性为逻辑基础，以职业岗位工作任务体系结构为框架。打破沿袭学术教育的课程模式的逻辑体系，立足职业岗位工作任务分析，根据工作任务体系结构确定课程体系结构、划分课程门类、排列课程顺序，最终形成电子商务（医药）专业教学进程表。

十、课程体系设计与结构

本专业课程体系的搭建紧紧围绕人才培养目标，综合考虑学生基本素质、职业能力培养与可持续发展，参照电子商务（医药）专业相关职业岗位任职要求，引入行业企业技术标准或规范，体现职业岗位（群）的任职要求、紧贴行业或产业领域的最新发展变化。

本专业的课程设置是在对职业岗位的知识、能力、素质分析的基础上，按照电子商务（医药）专业相关岗位工作任务和国家对专科层次的高等教育的现行要求，设置课程除国家规定的思想政治课程等公共课程外，将其他课程按照技术技能型人才培养的一般规律，并结合发展的岗位工作内容，对相关知识、技能和素质进行梳理，将课程体系划分为职业基础课、职业技术课、技能训练课、选修课4个模块，每个模块均有其明确的目标任务，并有若干课程组成。电子商务（医药）专业课程体系见图2-1。

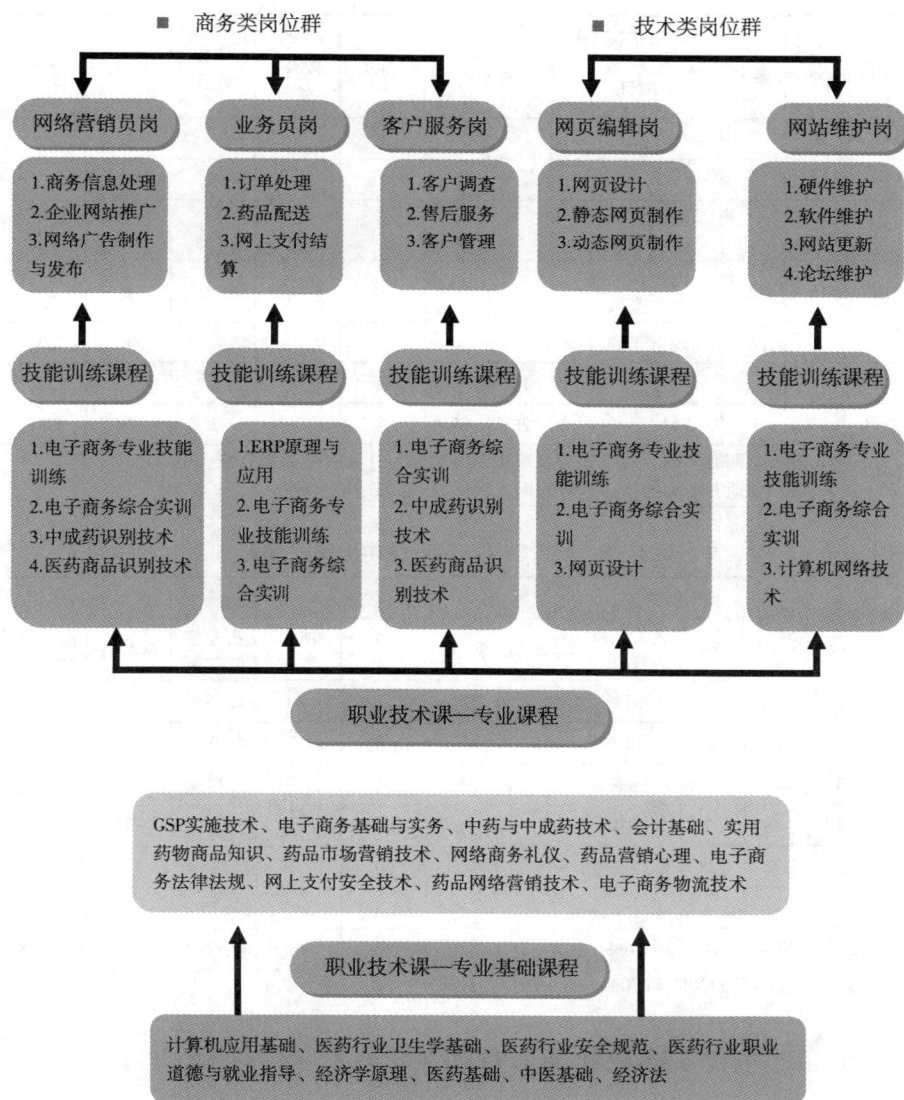

图2-1 电子商务（医药）专业课程体系

十一、教学进程表

电子商务（医药）专业教学周数分配见表 2-4，理论教学与实践教学比例配置见表 2-5。

表 2-4　电子商务（医药）专业教学周数分配表（单位：周）

| 学期 | 课程教学 | 集中实践教学 | | | | 考试 | 入学教育、军训 | 毕业教育 | 机动 | 合计 |
		集中实训	取证	顶岗实习	毕业环节					
一	16					1	2		1	20
二	16	2				1			1	20
三	16	2	医药商品购销员中级工			1			1	20
四	16	2	医药商品购销员高级工			1			1	20
五	8	2	助理电子商务师	8		1			1	20
六				12	4	1		2	1	20
总计	72	8		20	4	6	2	2	6	120
说明	1. 第一学期有 2 周为入学教育及军事训练时间，计入教学周数分配表中 2. 第六学期有 2 周为毕业教育时间，计入教学周数分配表中									

表 2-5　理论教学与实践教学比例配置表

| 学年 | 学期 | 学时总数 | 理论教学 | | 实践教学 | | | | | 教学做一体化 | |
			学时	占总学时比例	实验	实训	综合实训	顶岗实习	占总学时比例	学时数	占总学时比例
一	1	416	320	11.83%	16	32			1.78%		
	2	460	328	12.13%	16	56	60		4.88%		
二	3	444	232	8.58%		24	60		3.11%	128	4.73%
	4	428	32	1.18%			60		2.22%	336	12.43%
三	5	476	128	4.73%		48	60	240	12.87%		
	6	480					120	360	17.75%		
合计		2704	1040	38.46%	32	160	360	600	42.60%	512	18.93%

注：教学总时数 2720 学时 = 2704 学时 + 形势与政策 16 学时（未计入）

十二、主要实践教学环节安排

电子商务（医药）专业集中实训项目是本专业开设的必修实践教学项

目，是确保专业人才培养目标的实现，培养学生核心工作岗位的工作能力，解决实际应用问题能力的一个重要实践性教学环节。学生按照企业岗位能力要求，在实训指导教师的指导下完成。

（一）总体要求

在专业技能综合实训过程中，学生应态度端正、发扬团结协作的精神、虚心好学、听从指挥，能充分利用所学知识解决生产实际问题，并在工作中不断更新知识，提高专业技能。

（二）综合实训项目、内容及地点

综合实训项目、内容与地点见表2-6。

表2-6 综合实训项目、内容及地点

序号	项目名称	实训内容	实训地点	考核
1	中成药识别技术	中药与中成药的基本分类；中药组方的基本原则；典型中成药的功能主治及禁忌事项	中药认药实训室和模拟药店	实训过程考核40% 实训结果考核30% 职业素养考核30%
2	医药商品识别技术	生物化学药品的分类；准确识别处方药与非处方药；某一类药品的功能主治及副作用；掌握具有代表意义的药品的组成，功能主治及副作用，并同时具备用专业术语表达药物作用机制的能力	模拟药品超市	实训过程考核40% 实训结果考核30% 职业素养考核30%
3	电子商务专业技能训练	互联网药品商务信息采集与利用的技能、药品商务信息发布的技能、网络交流与沟通的技能以及网上交易技能的训练	电子商务实训室	实训过程考核40% 实训结果考核30% 职业素养考核30%
4	电子商务综合实训	电子商务技术基础综合实训和电子商务应用综合实训；网络市场调研综合实训、网络营销策划综合实训和网络促销方法综合实训；企业经营模拟综合实训和商务网站应用综合实训	电子商务实训室	实训过程考核40% 实训结果考核30% 职业素养考核30%

（三）其他要求

（1）专业带头人或骨干教师讲解学院专业技能综合实训制度及本专业具体要求。

（2）系书记或辅导员讲解专业技能综合实训期间安全、纪律及心理健康问题。

（3）系领导小组成员及学院指导教师在学生专业技能综合实训期间，保证每周一次检查学生的实训情况。

（4）系书记、辅导员密切关注学生在实习期间的思想动态，关注学生的心理健康。

十三、课程情况

（一）课程简介

1. 思想道德修养与法律基础

本课程是高校思想政治理论课的必修课程。该课程从当代大学生面临和关心的实际问题出发，以正确的人生观、价值观、道德观和法制观教育为主线，通过理论学习和实践体验，帮助大学生形成崇高的理想信念，弘扬伟大的爱国主义精神，确立正确的人生观和价值观，牢固树立社会主义荣辱观，培养良好的思想道德素质和法律素质，进一步提高分辨是非、善恶、美丑和加强自我修养的能力，为逐渐成为德、智、体、美全面发展的社会主义事业的合格建设者和接班人，打下扎实的思想道德和法律基础。

2. 计算机应用基础

本课程教学内容包括计算机基础知识、操作系统、汉字输入方法、中文 Word 的使用、中文 Excel 的使用、中文 PowerPoint 的使用、计算机网络与 Internet、计算机外部设备、常用工具软件。

通过本课程的教学，不仅让学生掌握计算机的基础知识，而且初步具有利用计算机分析问题、解决问题的意识与能力，提高学生的计算机素质，为将来应用计算机知识和技能解决专业实际问题打下基础；通过天津市高等职业教育计算机应用能力等级考试一级。

3. 大学生心理健康

针对现代大学生容易出现心理障碍这一现实，通过讲解、互动分享、游戏等各种方式，使学生认识心理健康的重要性，并注重调节自己的心态。明确人际关系建立的基本心态、有效方法，提升亲和力、沟通能力和影响力，努力与团队中、工作中、生活中的人相处得融洽，使自己广受欢迎，赢得更多的机会与合作。善于与人交往，能很好地处理人际关系。

4. 医药行业安全规范

本课程针对医药行业的特殊性，针对医药行业可能出现的安全隐患和社会上常出现的安全隐患，对学生进行训练和演练，使同学们梳理安全意识，在医药生产、经营企业从事工作要时刻保持安全；并学会常见安全隐患的急救和处理方法。

5. 医药行业卫生学基础

本课程教学内容包括微生物基础知识、药品生产过程中卫生管理知识和要求、药品制造车间的洁净区作业知识以及医药行业常用的消毒灭菌技术。通过本课程的学习，使学生掌握 GMP 对制药卫生的具体要求和基本技能，并具备药品生产企业的生产和卫生管理等能力；使学生具备运用消毒和灭菌技术对制药环境、车间、工艺、个人卫生进行管理的能力；培养学生养成遵纪守法、善于与人沟通合作、求实敬业的良好职业素质。

6. 毛泽东思想和中国特色社会主义理论体系概论

本课程是高校大学生必修的马克思主义理论课程。课程比较系统地论述了毛泽东思想、邓小平理论、"三个代表"重要思想和科学发展观的科学内涵、形成发展过程、科学体系、历史地位、指导意义、基本观点以及中国特色社会主义建设的路线、方针、政策。本课程的主要任务是通过学习，让当代大学生理解毛泽东思想和中国特色社会主义理论体系的基本知识与基本理论，树立建设中国特色社会主义的坚定信念，培养运用马克思主义的立场、观点和方法分析和解决问题的能力，增强在中国共产党领导下全面建设小康社会、加快推进社会主义现代化的自觉性和坚定性；引导大学生正确认识肩负的历史使命，努力成为德、智、体、美全面发展的中国特色社会主义事业的建设者和接班人。

7. 英语

本课程是一门公共英语课程，注重将语言基本技能的训练与培养学生使用能力相结合，使二者融为一体，并贯彻始终。听、说、读、写技能的培养有分有合，突出综合训练，做到"学为了用，学用结合"，把握"应用与应试"结合，"以应用为目的，实用为主，够用为度"的教学方向。

本课程教学内容以实用英语为基础，培养学生实际应用能力，使学生做到："听"懂对话及短文，并能完成对应练习；"说"出简单的与日常生活相关的话题；"读"懂篇幅适中的文章，在理解的基础上完成相关的练习；"写"出实用性作文，尽量避免语法错误，用词恰当；掌握相关的语法知识；通过高等学校英语应用能力 B 级考试。

8. 体育与健康

本课程打破以竞技运动为内容、以身体素质和技能达标为目标的传统体育教学体系，确立了以终身体育意识和运动技能为内容、以学生身心健康为目标的新型体育教学体系，改变了单一课堂教学的狭隘模式，构建了集课堂教学、课外锻炼、运动训练为一体的课内外一体化的课程教学新模式。教学方法也突破了长年沿袭的重视竞技运动技能教学的形式，转向根据普通大学生的身心特点和终身体育需求进行教学，创建了新型的教学体系。根据我院学生人才培养方案，在教学过程中注重"工学结合"，全面推进学生素质教育，深化体育教学改革，树立"健康第一"的指导思想，以学生的心理活动为导向，面向全体学生，做到人人享有体育，人人都有进步，人人拥有健康。

9. 形势与政策

本课程以邓小平理论和"三个代表"重要思想为指导，全面贯彻落实科学发展观，构建社会主义和谐社会的指导思想，紧密结合国内外政治经济形势的发展变化，结合大学生思想实际，针对国内外重大热点问题，进行引导教育，以期帮助大学生进一步树立正确的形势观、政策观、荣辱观，增强社会责任感和使命感，坚定在中国共产党领导下走中国特色社会主义道路的信心和决心，积极投身改革开放和现代化建设伟大事业。

10. 医药行业职业道德与就业指导

本课程教学内容包括医药行业企业认知、职业道德基本规范、医药行业职业道德规范及修养、职业生涯规划设计、中外大学生职业生涯规划对比、树立正确的就业观、求职准备、就业有关制度法律等内容。通过认知医药行业企业的特点、强化医药行业职业道德规范的重要性，正确教育和引导学生职业生涯发展的自主意识，树立正确的择业观、就业观，促使大学生理性地规划自身未来，促进学生知识、能力、人格协调发展，达到学会做人、学会做事，把不断实现自身价值，与为国家和社会做出贡献统一起来。

11. 经济学原理

本课程以理论为载体，分析现实中的经济现象，努力做到理论从实践中来，再回到实践中去。力求让同学们认识到经济学是一门生动的、可亲近的学问，让学生参与到经济学的教学中，把以教师为主的灌输知识变为以学生为主的发现规律，使经济学的课堂不再沉闷、乏味。让学生通过亲身参与，领略经济学的理论真谛；让学生掌握经济学的思维方法，用经济学去进行分析、思考，去解释真实世界的经济案例。着力构建在做中学、在学中做、多方互动、寓教于乐的教学氛围。

12. 医药基础

本课程主要介绍人体的基本结构，运动、循环、神经、血液、呼吸、消化、泌尿、生殖、内分泌等人体九大系统的解剖学组成和生理功能，以及药理学、生物化学、微生物学等医药基础知识，使学生掌握学习药品知识的基本常识，为学生学习实用药物商品知识奠定基础。

13. 中医基础

通过本课程的教学，使学生了解中国医药学的发展概况，正确理解阴阳五行学说，掌握脏腑、经络的生理功能、病理变化及其相互关系，学会病因病机分析、四诊的运用，了解中医的防治原则，从而熟练地掌握辨证论的一般规律。为学习中药与中成药课程奠定理论基础。

14. 经济法

本课程学习经济法律关系的构成，了解企业形态，重点掌握合同法、反不正当竞争法、产品质量法、消费者权益保护法等内容，旨在培养学生的经济法律意识，培养学生依法从事经营活动、正确处理纠纷、维护企业合法权益的能力。

15. 电子商务基础与实务

电子商务基础与实务课程是电子商务专业的专业核心基础课程，在电子商务专业课程体系中有着重要的地位和作用。通过对电子商务相关概念、理论、业务和案例的教学，培养学生对电子商务领域学习和探究的兴趣，对职业方向和职业岗位的认知，解释和解决电子商务领域基本问题和现象的能力，并为后续电子商务专业学习方向的选择和相关专业课程的学习打下良好的基础。

16. GSP 实施技术

本门课程涉及药品管理法、药品生产、经营质量管理规范等法律法规，旨在使学生了解药品生产、经营过程中质量管理工作如何要求和实施的办法。重点讲解和训练药品经营质量管理规范。课程体现了多学科、多技术的交叉渗透，教学中强化实践技能的训练，突出综合能力的培养，引导学生药品质量意识的建立，使所学的知识提前加以运用和融合，创造企业实际工作环境和工作意识的模拟环境，为就业后实际工作能力的形成奠定理论基础，并进行初步锻炼。

17. 中药与中成药技术

本课程主要介绍中药学基础知识及方剂与中成药的有关知识，通过学习使学生掌握方剂与中成药的基本理论，掌握方剂的组成原则以及方剂与制法的关系，熟悉中成药的剂型与用法等基本知识。熟记部分常用方剂与中成药的组成、用法、功能、主治、方义，临床能正确运用中成药治疗常见病。

18. 会计基础

本课程主要学习会计的基本理论知识，使学生了解会计核算的基本业务流程，掌握会计核算的基本要素，具备获取会计信息的基本能力，掌握填制发票等会计的基本技能，同时为药品市场营销等后续课程的学习奠定理论基础。

19. 实用药物商品知识

通过本课程的学习，使考生能够熟练掌握各类药物的作用、用途及不良反应，在工作中灵活应用所学的知识，对于 OTC（非处方药）能做到"根据实际病情推荐介绍药品"；对于处方药能根据处方合理调配，并向消费者科学地介绍处方药使用过程中的注意事项。

20. 药品市场营销技术

讲授医药市场营销的基本概念，营销环境分析、市场营销调研、目标市场选择、营销策略、营销环节、市场定位、营销产品组合、价格、分销渠道、促销等理论和方法及 CI 形象策划等，使学生掌握市场营销战略和决策，提高营销理论和实践能力。

21. 药品储存与养护技术

讲授医药商品保管养护的基本方针、操作方法，科学保管医药商品的原理，使学生具备医药商品的保管和养护的能力。

22. 药品营销心理

讲授医药市场营销活动中，医药企业应如何掌握探索消费者心理活动规律和消费个性的心理特征，使学生能运用心理学原理去正确满足消费者的消费要求，使潜在的消费需求转化为现实的消费行为。

23. 计算机组装与维护技术

讲授计算机的组装、调试与维修的基础知识及实用技能。主要内容有计算机硬件的性能指标、分类，硬件的组装技巧，硬盘分区和单或多系统安装，BIOS 参数设置，中小企业的电脑维护以及常见故障处理等。

24. 网上支付与安全技术

本课程主要介绍了网上支付和安全的相关知识，包括网上支付的基础知识、网上支付安全中涉及的各项技术、B to C 模式中涉及的各种支付方式以及保证其安全的技术、B to B 模式中涉及的各种支付方式以及保证其安全的技术及网络银行的相关知识。

25. 药品网络营销技术

本课程是一门将网络技术与商务活动融合、将传统营销与网络运作对接的实务性课程，是本专业最重要的核心课程之一，通过学习能使学生运用网络市场调研知识在网上学会网络消费者分析、网上市场调研渠道选择、网上问卷设计及有效投放的业务操作，使学生学会整合网络营销产品、服务、价格、渠道、促销、广告策略等项目运作。

26. 电子商务物流技术

本课程主要介绍现代物流管理基础知识、基本理论，重点讲述现代物流管理的各种理论和实践操作，使学生了解物流相关的各种理论知识，掌握物流相关操作技能。为提高学生物流方面的素质，增强物流理论与实践能力打下基础。通过本课程的教学，要求学生熟练地、系统地掌握现代物流管理基础知识、基本理论，掌握现代物流管理相关方法和技能，并能理论联系实际，培养学生的分析问题、判断问题和解决问题的能力，为以后从事相关的物流相关工作打好基础。

27. 网络商务礼仪

学习商务礼仪的原则方法，使学生掌握如何进行内部公关工作和外部公关工作，提高公关活动的操作技巧。通过学习使学生熟练掌握接待礼仪、商务会议礼仪、送客礼仪、餐饮礼仪等方面的知识。

28. 电子商务法律法规

通过本课程的学习，学生掌握电子商务法的基本原理、数据电文法律制度、电子签名法律制度、电子认证法律制度、电子合同法律制度、电子信息交易法律制度、电子商务安全问题、电子商务纠纷等必备知识，培养学生运用电子商务法律分析并解决电子商务实践中遇到的相关法律问题的能力。

29. 中成药识别技术（实训）

本课程是中药与中成药技术的实训课程，主要训练学生掌握中药的基本分类，掌握中药组方的基本原则，掌握中成药的分类，典型中成药的功能主治及禁忌事项。

30. 医药商品识别技术（实训）

本课程是实用药物商品知识课程的实训课程，主要训练学生掌握生物化学药品的分类，要求准确识别处方药与非处方药，掌握某一类药品的功能主治及副作用，掌握具有代表意义的药品的组成、功能主治及副作用，并同时具备用专业术语表达药物作用机制的能力。

31. 计算机网络技术

本课程是电子商务（医药）专业的一门核心专业课程，主要介绍计算机组装与维护、网络的基础知识。主要从计算机网络的基本概念入手，介绍基本通信理论、计算机网络的体系结构、Internet 与 TCP/IP、局域网的概念及组成、网络设计与组网技术、Windows 2000 Server 网络操作系统的操作与维护、计算机网络安全及应用等方面的知识。

32. 电子商务专业技能训练

本课程是电子商务（医药）专业的一门核心专业课程，主要是培养学生从事电子商务工作所需必备的操作技能，主要包括互联网信息采集与利用技能、商务信息的网络发布技能、网络交流与沟通技能和网络业务操作技能的训练。通过上述技能的训练，提高学生运用网络实现商务活动的能力，最终把电子商务理论落实到技能层面，为学生进行电子商务综合实训和企业实践打下基础。

33. ERP 原理与应用

本课程从 ERP 的核心思想出发，以 ERP 的基本理论为基础，着重介绍了 ERP 的计划层次、ERP 各功能模块的框架体系和业务流程，并论述了 ERP 实施的相关步骤和注意事项。同时，通过金蝶软件进行实践，培养学生在实际操作过程中综合运用知识、熟练掌握 ERP 系统流程与操作方法的能力，锻炼学生动手实践能力和企业实战本领，做到学校与企业的无缝对接。

34. 网页设计

本课程主要讲授网站建立与管理技术、网页设计与制作知识、网页制作工具的使用方法、网页设计技术的综合应用。课程的教学目标是培养学生全面掌握网站建立、管理、发布技术；掌握网页设计与制作技术；掌握通过网络发布、传播各种多媒体信息技术，培养网站开发与网页制作的技术人才。

35. 电子商务综合实训

本课程是电子商务（医药）专业的一门提高学生综合职业能力的核心技能训练课程。本课程通过使用电子商务模拟软件，以小组为单元，以工作任务为导向，学生通过角色转换来体验电子商务的全过程，进一步提高学生电子商务的技能。

36. 顶岗实习

安排在第五、第六学期进行，由学校组织专门人员，根据培养目标和专业要求进行选题，安排实习场地，学员在指导教师的指导下，完成顶岗实习任务。顶岗实习工作具体安排及要求见"天津生物工程职业技术学院经营管理系电子商务（医药）专业顶岗实习计划及要求"。

37. 毕业设计

毕业设计是本专业学生学习的最后环节，要求学生根据顶岗实习的过程与内容，写出实习报告，并通过答辩评定成绩，毕业实习报告不及格者不能毕业。

38. 婚姻家庭法

本课程是研究有关婚姻家庭的法律制度、法律关系和法律现象的科学。学习婚姻法学具有重要的理论意义和实践意义。掌握婚姻法学的基本知识，有利于学生树立科学的婚姻家庭观，促进社会主义的精神文明建设；有利于维护和巩固中国的婚姻家庭制度，保护公民的合法权益；有利于正确处理婚姻家庭纠纷，增强全社会的安定团结。

39. 演讲与口才

本课程首先从口语的表达基础、演讲概述及口才概述展开，然后系统地根据常见的演讲方式及行业口才进行讲述。在每单元的讲解过程中，穿插了新颖且具有代表性的实例，使学生通过情景模拟训练掌握相应的语言技巧，具备一定的语言应变能力。

40. 应用文写作

本课程努力适应当今时代对语言交际能力的高效、便捷、严谨、实用的要求，注重"文面"与"人面"结合，在本课程学习的基础上，将事务文书、行政公文、专业文书与演讲实务等表达规范、能力训练有机整合，融入学生的专业体验。充分体现基础与应用衔接，通用与专业结合，事务与公务兼容；以语文写作为基础，以国家标准、专业规范为依据，以严谨、科学训练为手段，以优秀文案为参照，以实际应用为目的。

41. 税法

课程讲授税法的基本理论和方法、企业纳税的基本程序介绍、中国现行税制中的具体税种、各个税种与税法的基本技能和方法等内容。

42. 国际贸易

讲授国际贸易理论、国际贸易政策、国际贸易运输、国际贸易保险等内容，讲授国际贸易的基本理论与国际贸易合同的主要条款，使学生具备贸易实务能力和国际贸易中的综合素质。

43. 现代企业经营管理

本课程学习医药企业经营管理的原理，企业经营环境分析与经营决策的方法，掌握药品的采购、销售、物流等管理技术及企业内部管理的基本方法。

44. 图形图像处理技术

本课程主要以了解和掌握 Photoshop 的基础知识为目的，同时结合图形、图像创意设计和表现技法，综合提升学生设计能力。

45. 数据库原理与应用

通过课堂教学与实践环节的指导，使学生较全面地掌握数据库系统的基本概念和原理；深入理解关系数据模型、关系数据理论和关系数据库系统，掌握关系数据语言；掌握数据库安全保护知识及手段；熟悉典型数据库系统开发技术；掌握数据库设计方法，具有一定的数据库设计能力；初步具备使用数据库技术和方法解决实际应用问题的能力，为今后从事信息系统的管理、开发等工作打下坚实的基础。

46. 网上开店与创业

本课程以网上开店的实际操作流程为主线，同时穿插了最新的创业知识、网络营销、物流和金融知识，总结了很多卖家在实际经营中遇到的问题，并给出了现在最为可行的解决方法。通过本课程的学习使学生具备网上开店的基本知识和技能。

（二）教材开发与选用

电子商务（医药）专业选用教材情况见表 2-7。

表 2-7　电子商务（医药）专业选用教材情况

序号	教材名称	版本时间（年）	出版社	作者	教材类型
1	《思想道德修养与法律基础》	2011	高等教育	编委会	精品教材
2	《计算机应用基础》	2006	电子工业	马希荣	规划教材
3	《大学生心理健康》	2010	北京航空航天	厉枫/李春青	高职高专
4	《医药行业安全规范》	2012	中国医药科技	雷津	校本教材

续表

序号	教材名称	版本时间（年）	出版社	作者	教材类型
5	《医药行业卫生学基础》	2012	中国医药科技	韩露	校本教材
6	《毛泽东思想和中国特色社会主义理论概论》	2011	高等教育	编委会	教育部精品教材
7	《实用英语·天津版·第一册》	2006	高等教育	编委会	其他
8	《高职体育与健康》	2007	北京体育大学	编委会	规划教材
9	《医药行业职业道德与就业指导》	2012	中国医药科技	梁秀莲	校本教材
10	《经济学基础》	2011	中国人民大学	吴汉洪	高职高专
11	《医药基础》	2011	中国医药科技	竺芝芬	高职高专
12	《中医基础知识》	2010	人民卫生	何晓辉	高职高专
13	《经济法律概论》	2011	北京大学	陈红艳	高职高专
14	《电子商务基础与实务》	2012	中国人民大学	于巧鹅	高职高专
15	《GSP 实施技术》	2012	中国医药科技	张寅玲	校本教材
16	《方剂与中成药》	2009	天津市教育	张俊生	校本教材
17	《基础会计》	2012	北京工业大学	张建玲	高职高专
18	《实用药物商品知识》	2010	化学工业	杨群华	高职高专
19	《药品市场营销学》	2009	化学工业	严振	高职高专
20	《药品保管与养护》	2012	中国医药科技	秦泽平	高职高专
21	《药品营销心理》	2015	校本	待定	校本
22	《计算机组装与维护》	2010	中国人民大学	陈桂生	高职高专
23	《电子支付与网络安全》	2011	中国海洋大学	颜正恕	高职高专
24	《药品网络营销技术》	2015	校本	待定	校本
25	《电子商务物流技术》	2006	中国人民大学	徐沫扬	高职
26	《网络商务礼仪》	2015	校本	待定	校本
27	《电子商务法律法规》	2012	机械工业	韩小平	高职高专
28	《计算机网络技术》	2011	清华大学	谢昌荣	高职高专
29	《网络商务基本技能》	2012	清华大学	黄浩/王秦	高职高专
30	《ERP 原理与应用》	2006	高等教育	汪清明	高职高专

续表

序号	教材名称	版本时间（年）	出版社	作者	教材类型
31	《网页设计与制作》	2010	电子工业	杨尚森	高职高专
32	《电子商务综合实训》	2008	中国经济	陈月波	高职高专
33	《婚姻家庭法》	2008	暨南大学	李华明	高职高专
34	《演讲与口才》	2010	北京师范大学	程时用	高职
35	《应用文写作》	2010	中国人民大学	杨忠慧	高职高专
36	《税法》	2011	北京交通大学	张毅	高职高专
37	《国际贸易》	2012	机械工业	张海荣	高职
38	《现代企业经营与管理》	2008	中国农业大学	袁定明	高职高专
39	《图形图像处理技术》	2008	大连理工大学	蒋爱德	高职
40	《数据库原理与应用》	2009	南京大学	孙振坤	高职高专
41	《网上开店与创业》	2011	电子工业	崔红	高职

十四、教师选聘

本专业现有专任教师 10 名，平均年龄 36 岁，其中硕士以上学历 6 人，占 60%；高级职称以上 4 人，占 40%；双师素质教师 5 人，占 50%。

本专业兼职教师共有 3 名，均在所从事的行业领域或岗位具有丰富的实践经验和管理经验，熟悉医药电子商务的交易流程及有关规范，精通计算机网络技术的专业技术人员及管理人员。其中 2 名来自网上药店从业人员，1 名来自网上药店管理人员。

十五、教学管理

（一）教学方法、手段与教学组织形式建议

电子商务（医药）专业在教学过程中，注重"做中学，学中做"，把理论教学和实践技能培养相结合，以药品网络营销、药品网络交易、客户服务、网页编辑和网站维护等实际的工作任务为载体，以项目为单元重新

构建教学的组织结构，实现理论与实践的有效融合；加强对社会生活、实际工作案例的研究，并进行教学化改造后应用于教学过程，增强教学内容的感官性和应用性。

采用比较灵活的教学方法和课堂组织形式，让学生能够主动参与教学相关过程。彻底改变传统的坐教室、本本传授的"满堂灌"式教学组织形式，代替以讨论式、探究式、发现式的教学形式，如案例分析、分组讨论、角色扮演、启发引导等教学方法。

开发网络教学平台，提高学生学习的兴趣和效率。

还可适当采用工学交替、学训结合、任务驱动、项目导向、教学做一体化等教学方式。

（二）教学评价、考核建议

考核分为考试和考查两种。凡30课时以上的课程和独立设置的实践教学环节作为一门课程单独考核。所以课程均参加考核，成绩合格并完成毕业顶岗实习，通过毕业设计鉴定、思想品德鉴定合格，方可毕业。

1. 突出能力考核评价方式，体现多样化评价

本专业围绕培养技术技能型人才为核心目标建立评价体系，将学习能力、职业能力和综合素质有机结合，改革单一的评价模式，构建多样化评价形式。

（1）学习能力评价　学生学习能力的评价采用形成性评价和终结性评价相结合的方式，课程的期末总评成绩由三部分组成：①平时测评（占30%），包括上课出勤、学习态度以及开放性作业（如查找资料、课件制作、题目讨论等）；②项目测评（占30%），以实训项目为载体，测评内容包括操作能力、工作态度、报告性总结等（如果没有实训项目的课程此项改为期中测评）；③阶段性考试（占40%），包括试卷考核、操作考核等，主要考查基本知识理解和综合运用能力。评价者是每门课程任课教师。

（2）职业能力评价　职业能力包括两方面：职业素养和职业岗位能力。职业素养包括基本素质和岗位素质两部分。本专业将职业素养教育单独列为一项评价标准，评审不合格者将影响其毕业，以此来约束不良行

为，在学生中建立正确的、积极向上的学习、生活氛围。评价内容如表2-8。

表2-8 职业素养评价系统

项目	内容	标准	评价者	评价方式
基本素质	能遵守校园学生守则（包括课堂守则、考试守则、宿舍管理守则等） 待人接物礼貌、周到 有良好的个人形象（言语文明、举止得体、衣着整洁、学习生活态度积极向上等）	50分	1. 辅导员 2. 任课教师（理论课） 3. 本班同学	每学期由辅导员、任课教师及同学给予相应测评，取三者平均分，按比例加和，为该学生基本素质测评结果，最后由辅导员汇总
岗位素质	有良好的卫生习惯和意识 能严格按照标准操作规程操作 有较强纪律性 有团队合作意识 有吃苦耐劳的意识	50分	1. 任课教师（实践课） 2. 本组的同学	任课教师及本组同学给予相应测评，取二者平均分，按比例加和为该学生岗位素质测评结果，最后由实践课老师汇总

（3）综合素质评价 综合素质评价是对学生的科学文化素质、思想道德素质以及身心健康素质的综合评定，通过量化处理得出综合素质成绩。该成绩作为评定优秀学生奖学金、三好学生、优秀学生干部、十佳大学生、优秀毕业生以及推荐就业的重要依据。综合素质测评成绩＝科学文化素质（占65%）＋思想道德素质（占25%）＋身心健康素质（占10%）。其中各部分成绩分布如表2-9。

2. 创新人才培养评价方式

探索学校、行业部门、用人单位共同参与的多主体评价模式，在学生顶岗实习环节，以企业评价为主，学校评价为辅，突出对学生实习过程中表现出的工作能力和态度的评价。

表2-9 综合素质评价体系

项目	比例	内容	加分情况	评价者	评价方式
科学文化素质	60%	学期各门成绩总和		任课教师	每期辅导员将各分成绩加分情况汇总，得学综素质测成成绩
思想道德素质	30%	1. 职业素养评定成绩		辅导员汇总	由导将各部成绩和分况汇总，出生合质评价成绩
		2. 干部任职表现额外加分	院、系学生会干部，班级班长，团支书根据表现情况有3~5分的加分；班级其他干部、各社团负责人、学生会成员根据表现情况有1~3分的加分；身兼数职时，取其任职最高分项标准计最高分，其他任职不计分	院、系学生会干部和成员、各社团负责人由系书记、主任和相关教师负责；班级干部由辅导员、班级学生负责	
		3. 其他好人好事加分	公益捐款、帮助同学、校外做好事等		
身心健康素质	10%	文体竞赛项目奖励分	活动等级不同，给予奖励分不同，国家级取前三名分别奖励5分、4分、3分、参与分2分；市级取前三名分别奖励4分、3分、2分、参与分1分；校级取前三名分别奖励3分、2分、1分，参与分0.5分	院、系文艺部、体育部汇总	
		技能竞赛奖励分	国家级取得名次为6分、优秀奖5分、参与分2分；市级取得名次为5分、优秀奖4分、参与分1分，校级取前三名分别奖励3分、2分、1分，参与分0.5分	系部汇总	

任务二 学技能，实训有安排

一、校内实训基地及设备

学院建设含多学科的校内实训基地。本专业的校内实训基地包括电子商务实训机房两个，企业管理模拟运营室1个，物流实训基地1个，医药基础（生理、生化、微生物）实训室、模拟药店两个，中药认药实训1个，能够满足本专业的教学需要。（表2－10）

校内实训基地主要承担专业教学实训、技能鉴定、工人岗前培训、转岗培训、定期的继续教育等。校内实训基地有健全的管理制度，高素质的专、兼职实训教师，每年对学生进行专业技能培训和技能鉴定，使学生在掌握专业技能的同时得到相应的高级工证书，为学生就业打下良好的基础。

表2－10　校内实验实训仪器设备一览表

序号	实训室名称	主要仪器设备
1	医药基础实训室	显微镜、天平等
2	模拟药品超市	模拟药品、货架、柜台、收银设备、药店管理软件
3	电子商务实训室	服务器1台，交换机，教师机1台，学生机120台（均配置模拟电子商务网络系统，相关 Office 办公自动化（Word、Excel、PowerPoint、Access）、图形图像处理（Photoshop、CorelDraw）、网页设计（网页三剑客、FrontPage）、软件开发（VB、VFP、VC++）、数据库管理（Microsoft SQL2000、MSQL）、大型软件开发工具（Microsoft Visual Studio. NET 软件开发 WEB 程序开发、J2EE 构架）等软件
4	模拟药店	药品柜台、货架、中药饮片柜、中药饮片调剂台、POS 机、验钞机、计量器具
5	物流实训基地	常规药品自动化立体仓库、自动分拣出库加工区、电子标签拣货系统、非常规药品仓储、无线射频设备等
6	企业管理模拟运营室	教师机1台，学生机60台（均配置金蝶 ERP 管理软件，相关 Office 软件）
7	中药认药实训室	中药饮片柜，柜台

二、校外基地

目前本专业已建立的校外实训基地有：北京九州通医药有限公司、北京京东好药师有限责任公司、天津天士力大药房有限公司、天津瑞澄大药房连锁有限公司和天津医药集团敬一堂连锁股份有限公司。

三、校园网络

学院配置以网络技术为代表的现代信息技术设施设备，多媒体教室及设备等其他现代教育装备，促进现代教育技术与课程教学的整合。出口总宽带 100Mbps，校园网主干最大宽带 100Mbps，网络信息点数 5000 个，基本满足专业教学的需要。

模块三　行业发展

【学习目标】

知识目标：了解医药电子商务行业的发展现状及未来发展趋势。

技能目标：增强对未来的信心。

任务一　医药电子商务行业发展

一、医药电子商务概述

医药电子商务是以医疗机构、医药公司、银行、药品生产单位、医药信息服务提供商以及保险公司为网络成员，通过互联网应用平台，进行各种医药贸易活动。

二、医药电子商务市场的建立与发展

2000 年，国家信息产业部选择了医药卫生电子商务作为全国行业类电子商务示范工程，原国家经贸委医药公司也已经批准在部分城市开展医药电子商务及医药电子交易的试点工作，电子商务在医药行业有了一个不错的开端。同年 10 月，原国家药品监督管理局还批准了 8 家医药电子商务试点单位。因此，中国医药电子商务 B2B 模式是在国家政策鼓励下于 2000年正式启动的。

2002 年，电子商务试点审批被取消，各企业在办理了相关网站申报和审批后，可以自主开展医药电子商务 B2B 业务。但是由于大多数医药企业

盲目地跟风，再加上企业整体的信息化水平滞后，尤其是一些中小企业，导致大多数电子商务网站一度陷入了入不敷出的尴尬境地。届时，一些企业为了挽回成本，出售假药及违禁药品。

因此，在2004年，国家叫停了"除以取得药品招标代理机构资格的单位所开办的网站外"的一切互联网药品交易活动。

进入2005年，随着新规定的出台，中国医药电子商务B2B市场被纳入了国家法规管理正规。

2006年5月15日，海虹控股旗下子公司海虹医药电子交易中心交易有限公司已正式拿到原国家药品监督管理局（SFDA）核发的《互联网药品交易服务资格证书》，这是国内发出的首张医药电子商务B2B牌照。

2008年5月5日，中南地区最大的医药食品物流中心举办了"金洲e药电子商务信息交易平台——金州e药快线"启动仪式，这是湖南省首家医药电子商务网站。

2011年5月，湖南省首家医药电子商务企业——湖南商康医药电子商务有限公司举行开业庆典，暨商康牡丹卡首发式。据悉，这是中国首家平价药批网商正式上线——通过网上批发平价药品，将至少降低20%的流通成本。

2011年6月21日，淘宝腾讯进军医药电子商务。淘宝商城医药馆正式上线，上海复美大药房、北京金象大药房、杭州九洲大药房、江西开心人大药房以及云南白药大药房等5家药企作为首批合作伙伴集体进驻淘宝商城。

三、医药电子商务行业发展趋势

（一）医药市场需求强劲

随着国民经济的空前发展，人民生活水平不断提高，人们对身体健康的需求进一步提升。中国医药商业协会公布的资料显示：2009年的医药工业总产值为6158.77亿元，实现连续3年的13%~14%的增长。2009年的药品零售市场的总额达到1487亿元，比上年度增长14.8%。而在2010年该协会的连锁药店分会的数据显示，中国在2010年的药品零售市场规模约为 1739 亿元人民币。据商务部初步统计，2012 年全国药品流通行业销售总额达 11122 亿元，首次突破万亿元；扣除不可比因素，同比增长 18%。其中，药品零售市场销售总额达 2225 亿元，同比增长 16%。年销售额排名前 3 位的企业集团主营业务收入占同期全国市场总规模的 28.9%，比上年增加 2.31 个百分点；年销售额 100 亿元以上的药品批发企业由 2011 年的 8 家增长到 10 家。商务部药品流通行业统计系统数据显示，2012 年全国 848 家药品流通直报企业主营业务收入 7942 亿元，同比增长 20%；实现利润总额 164 亿元，同比增长 16.5%；主营业务毛利率为 6.9%，平均利润率为 1.9%，平均费用率为 5.2%。

（二）电子信息产业快速发展

根据 CNNIC（中国互联网络信息中心）的中国互联网络发展状况统计调查，截至 2013 年 6 月底，中国网民规模达 5.91 亿，半年共计新增网民 2656 万人。互联网普及率为 44.1%，较 2012 年底提升了 2.0 个百分点；中国手机网民规模达 4.64 亿，较 2012 年底增加 4379 万人，网民中使用手机上网的人群占比提升至 78.5%。中国网络购物网民规模达到 2.71 亿人，网络购物使用率提升至 45.9%，与 2012 年 12 月底相比，2013 年上半年网购网民增长 2889 万，半年度增长率为 11.9%；其中团购网民数为 1.01 亿，使用率提升至 17.1%，与 2012 年 12 月底相比，团购网民规模增长了 21.2%，依然保持着相对较高的增长率；使用网上支付的网民规模达到 2.44 亿，使用率提升至 41.4%，与 2012 年 12 月底相比，网民规模增长 2373 万，增长率为 10.8%。

（三）医药电子商务行业发展迅猛

随着国家医药卫生体制改革的进一步深化，医药分家、缩短医药流通环节、降低药价的呼声愈演愈烈。目前国内医药流通环节臃肿，次序混乱，销售半径短，流通成本高。作为可以明显降低医药流通及购销成本的电子商务企业显然是符合国家、消费者以及行业利益的。据中国网上药店理事会的报告显示，2010 年医药零售 1739 亿元中只有 0.05% 左右的份额是由网络销售贡献，仅约为 8500 万元左右。2011 年医药 B2C 的规模约为 4 亿元人民币，有 5 家销售额超过 5000 万元的网上药店，如开心人网上大药房、老百姓网上药店、金象大药房网上药店、上海复美大药房网上药店等。2012 年医药 B2C 中平台式的交易规模为 16. 65 亿，预计 2013 年销售规模 40 亿；其中 2012 年医药 B2C 中平台式的交易规模全年为 7. 5 亿，占 B2C 市场交易规模的 45%，自主式医药 B2C 的交易规模全年为 9. 15 亿元，占比达到 55%，同比 2011 年的 4 亿元，增长 128%。以上数据均表明医药电子商务产业进入了快速发展期。

任务二　　认识医药电子商务典型企业

一、九州通医药网概况

九州通医药集团股份有限公司（简称"九州通"，证券代码 600998），成立于国家允许民营资本进入医药流通领域的 1999 年，2010 年 11 月在上海证券交易所挂牌上市，是在中国医药商业行业处于领先地位的上市公司。

九州通医药集团股份有限公司旗下的九州通医药网是一家专门从事医药信息服务、电子商务服务、软件服务的大型医药电子商务网站。2001 年 8 月九州通医药网创建并正式开通，首批获得原国家食品药品监督管理局的批准，依法可从事医药信息服务的网站。

多年来，九州通医药网一直致力于打造医药行业电子商务平台，全面提供销售、采购、招商、代理、科研成果、资源合作等医药行业的完整业务需求，为众多的厂家、商家消费者服务。构建医药行业基于电子商务平台的供应链管理系统，将供应商、制造商、批发商、零售商到客户的业务活动中所发生的商流、物流、资金流和信息流在电子商务平台上协同完成。九州通医药网已在医药行业的 B2C 市场中占有广大的市场份额。

目前中国网民中，大约 4 个人中有 1 个人是购物用户。越来越多的网民习惯于网上购物，因为这种购物模式价格透明、购买方便。

同样，在医药行业很多人也看到了医药零售电子商务的广大市场，特别是 B2C 的电子商务模式。像已经在这一市场占有一定份额的金象网和药房网就是最好的代表。尽管九州通医药网并没有拔得头筹，但药品品种齐全、知名度高、信誉度好让它未来的发展空间广阔。

有这样一组数据可以说明九州通医药网背后的实力。九州通医药集团股份有限公司拥有经营品种 11500 多种，上游合作伙伴 4200 多家，下游客户 58000 多家。现已有 10 家大型医药商业子公司和大型医药物流中心，30多家三级公司和地区配送中心，100 多个业务办事处，覆盖了国内 70% 县级以上的行政区域，形成了国内辐射面最广的医药分销网络。截至 2010年，集团拥有总资产 61 亿元，下属企业 50 余家。2010 年该公司销售额超过 210 亿元，上缴税款逾 3 亿元，其中九州通医药网网上年销售额达 23.2亿元，位居国内同类型网站第一名。

二、业务流程

（一）总体业务流程

总体业务流程如图 3-1 所示。

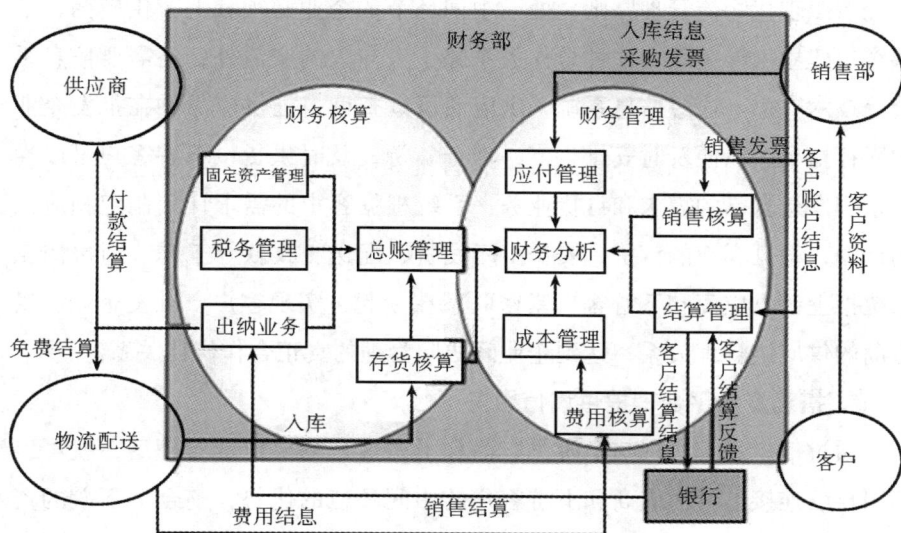

图 3-1　总体业务流程

1. 实现企业内部经营管理系统化、网络化

医药流通企业要从容应对目前医药流通领域的压力和挑战，首先就要练内功，运用先进的管理思想和现代化的管理手段规范企业内部的管理，整合企业内部资源，打造企业的核心竞争力。九州通医药集团股份有限公司通过信息化管理，把企业的业务、财务、人力资源、办公等业务有效地集成，形成一个有机的整体，协调运作，查遗补漏，形成信息流、物流、资金流、工作流的统一，提高工作效率，快速响应市场，提供优质服务。企业应采用以信息流拉动物流，物流带动资金流，工作流贯穿于信息流、物流和资金流的管理模式，提升企业的管理水平。

2. 建立外部协同平台，实现内外信息一体化

在企业内部规范化管理基础上，九州通医药集团股份有限公司凭借自身信息化管理平台和众多客商资源的优势，利用国家对医药领域电子商务放开的政策，逐步实现 B2B 电子商务交易，真正实现企业经营、管理信息化。

3. 实现与上下游企业的协同

按照现代物流管理原则，处于中间环节的企业必须和上游供应商、下游客户建立伙伴关系。这种合作关系除了人与人的交流外，还需要信息系统等技术支撑。通过信息系统，供应商可以查询自己供应品种在批发企业的库存情况，以便及时安排生产，保证货源，及时供货；下游客户可以通过系统发送自己的需求和订货业务，系统根据客户的需求计划制定相应采购计划，根据客户的订货，安排出库发货、配送、收款等工作。通过信息系统把上游供应商和下游客户紧密联系在一起，实现客户、批发企业、供应商的供应链管理关系，达到企业间协同管理的真正合作伙伴关系。

4. 搭建资讯平台，提供增值服务

通过信息系统实现与上游供应商和下游客户的供应链管理后，就可以利用自己连接上游供应商和下游客户的中间环节的优势，整合上下游的资源，利用自己的信息平台建立医、药、病等资料库，并为上游供应商发布新品信息和促销信息，为下游客户发布需求信息，为合作伙伴提供资讯服务平台。通过资讯平台，一方面实现信息共享、共同发展的总体目标；另一方面，可以通过资讯平台的增值服务，把信息转化为商品，为企业创造新的利润点。

（二）关键业务场景

1. 九州通医药集团股份有限公司整体解决方案

九州通医药集团股份有限公司整体解决方案采用决策层、管理层、业务层三层管理体系，各应用层及具体应用如表 3 – 1 所示。

表 3 – 1　九州通医药集团股份有限公司各应用层及具体应用

应用层级	应用内容	应用分类
决策层	1. 归纳、分析运营数据，洞悉关键问题 2. 重大业务决策、突发事件处理 3. 企业战略制定、实施、监控 4. 企业财务管理	1. 决策分析 2. 业务审核 3. 公文审批 4. 移动商务
管理层	1. 正确执行所辖审核职责 2. 掌握所辖运营状况，评估绩效 3. 有效沟通，及时发现问题、追踪问题解决问题 4. 参与制定业务策略并负责执行	1. 业务审核 2. 报表查询 2. 公文审批 4. 移动商务
业务层	1. 正确执行既定任务 2. 识别身份、记录过程、追踪例查 3. 固定操作界面	1. 数据录入：单据制作 2. 数据输出：单据提交 3. 数据查询 4. 远程业务

2. 主要参与对象

公司各业务部门，横向划分为决策层、管理层和业务层。

3. 关键应用价值

最高层为经营决策层，通过系统对经营信息进行收集、加工、整理，形成经营分析、决策支持等内容，为企业决策层对企业进行整体规划、管理、决策提供依据。

中间层为经营管理层，以业务管理为中心，采用计划资源的管理思想，通过有效的业务管理和流程优化，保证企业资源最有效、最合理的应用。

最低层为作业管理层，支持通过无线网及多种现代物流技术，对现代仓储自动化设备进行控制，把仓储作业与计划管理紧密衔接，实现仓储作业自动化、智能化、机械化。

4. WMS 基于 ERP 系统管理开发，实现与业务管理一体化

WMS 根植于企业 ERP 系统，通过与业务管理结合实现商流和物流的一体化管理。

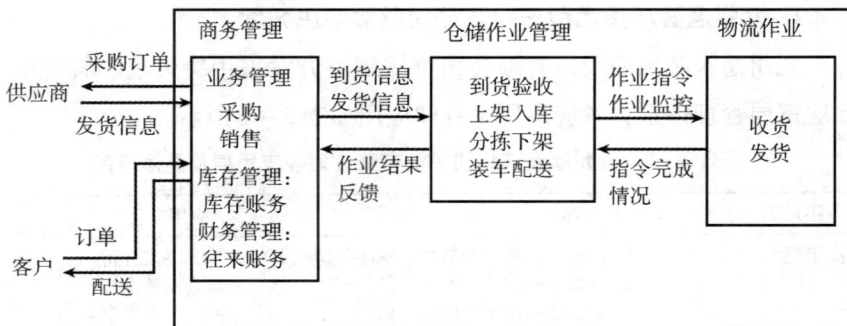

图 3 - 2   ERP 系统流程图

如图 3 -2 所示：业务部门对供应商下达采购订单，供应商通过互联网、信息系统等技术手段直接收到订单，并根据订单组织货源、发货，同时，把发货信息传递到业务部门生成到货单据；仓储部门根据供应商的发货信息准备货位接收货物，同时，WMS 根据业务系统的到货单据直接生成收货单据，仓库作业人员根据收货单据，利用条码、无线射频、手持终端、电子标签、自动化仓储控制设备等现代技术和设备快速、准确的进行验货、上架入库，商品架位绑定等作业，同时把作业结果反馈回业务系统，根据收货结果，业务部门、财务部门各自进行相应的账务处理。

销售部门根据客户在系统下达的订单，生成销售发货单据，WMS 根据业务部门的发货单据的类型，利用分拣调度模型，分次下达拣货任务，各货区、架位的拣货人员按照拣货指令进行分拣，并根据指示把货物放到指定的拼箱位置，进行复核、封箱、合流等作业。

拣货完毕，系统确认下架出库。配送部门根据客户订单、下架出库单据、货物、客户路线等因素，利用装车调度模型和车辆资源，装车配送，客户接货验收后，在配送单据上签字确认。根据客户配送确认的结果，业务部门、财务部门进行相应的账务处理。

WMS 除对采购、销售等入、出库作业管理支持外，对货物的盘点、移库、补货等业务可以进行相应的作业和账务管理，并对停售商品、过期商品、近效期商品进行管理，实现对仓储的全方位管理。

知识链接

全国药品流通行业发展规划纲要

（2011～2015 年）

药品是关系人民生命健康的特殊商品，药品流通行业是关系国计民生的重要行业。党中央、国务院高度重视人民群众生命健康和医药卫生事业的发展，提出了关于深化医药卫生体制改革的意见，并对药品流通行业改革和发展提出要求。为适应医药卫生事业改革发展的新形势，促进药品流通行业科学发展，保障人民群众用药安全合理方便，根据有关法律法规和《中华人民共和国国民经济和社会发展第十二个五年规划纲要》，制定本规划纲要，规划期为 2011～2015 年。

一、现状与形势

（一）发展现状

改革开放以来，中国药品流通从计划分配体制转向市场化经营体制，行业获得了长足发展，药品流通领域的法律框架和监管体制基本建立，药品供应保障能力明显提升，多种所有制并存、多种经营方式互补、覆盖城乡的药品流通体系初步形成。

市场规模持续扩大。截至 2009 年底，全国共有药品批发企业 1.3 万多家；药品零售连锁企业 2149 家，下辖门店 13.5 万多家，零售单体药店 25.3 万多家，零售药店门店总数达 38.8 万多家。2009 年，全国药品批发企业销售总额达 5684 亿元，2000 年至 2009 年，年均增长 15%；零售企业销售总额 1487 亿元，年均增长 20%；城市社区和农村基层药品市场规模明显扩大。

发展水平逐步提升。药品流通企业兼并重组步伐加快，行业集中度开始提高。2009 年，药品百强批发企业销售额占全国药品批发销售总额的70%。连锁经营发展较快，连锁企业门店数已占零售门店总数的1/3，百强连锁企业销售额占零售企业销售总额的39%；现代医药物流、网上药店以及第三方医药物流等新型药品流通方式逐步发展，扁平化、少环节、可追踪、高效率的现代流通模式比重开始提高。

社会作用不断增强。2009 年，全国药品流通行业从业人员约400 万人，占城乡商业服务业就业人数的5%；各类药店提供销售及服务约130 亿人次，较2005 年增长33%，在方便群众购药、平抑药品价格等方面发挥了重要作用。药品流通骨干企业成为药品储备和应急配送主体，不仅确保了2008 年北京奥运会和2010 年上海世博会等重大活动的药品需求，而且有效保证了"非典"、"禽流感"等重大疫情和"5.12"汶川特大地震等自然灾害中的药品供应。药品流通行业对相关产业发展的带动性增强，在国民经济中的地位日益显现，为维护国家安全、社会稳定和人民群众利益作出了重大贡献。

但是，由于长期实行的以药补医体制等体制性弊端，以及药品定价、采购和医保支付机制不完善等问题，加上准入门槛较低、行业规划管理欠缺、市场竞争不充分、执法监督工作不到位等因素，导致药品流通行业存在以下突出问题：一是流通组织化、现代化水平较低。药品流通行业集中度低，发展水平不高，跨区域扩展缓慢。现代医药物流发展相对滞后，管理水平、流通效率和物流成本与发达国家存在很大差距。二是行业发展布局不够合理。药品流通城乡发展不够平衡，发达地区和城市药品流通企业过度集中，农村和"老、少、边、岛、渔、牧"等偏远地区药品配送网络未能全面有效覆盖，药品可及性有待提高。三是流通秩序有待规范。药品购销领域各类违规经营现象比较突出。部分零售药店出售假劣、过期等不合格药品。部分中药材市场存在药材交易混乱、质量缺乏保障、市场管理缺位等问题。

（二）面临形势

医药卫生体制改革对行业提出新要求。2011～2015 年，是实现深化医药卫生体制改革目标的关键时期，也是药品流通行业结构调整和转变发展方式的关键时期。中央提出加快建立药品供应保障体系，发展药品现代物流和连锁经营，规范药品生产流通秩序，建立便民惠民的农村药品供应网等任务，迫切要求行业必须加快结构调整，转变发展方式，实现科学发展。

加快发展面临较好机遇。未来5年，全球药品市场将维持快速扩张态势，市场规模预计将从2009年的7730亿美元，增加到2015年的1.2万亿美元以上，年均增长8%左右，全球药品流通行业集中度和流通效率将继续提高。在药品市场增长空间方面，中国将是潜力最大的市场。随着中国开始向中、高收入国家迈进以及人口老龄化的加快，人民生活需求和消费结构将发生重大变化，对医疗卫生服务和自我保健的需求将大幅度增加，药品市场增长潜力巨大。中央提出"政事分开、管办分开、医药分开、营利性和非营利性分开"的医改方向，以及"保基本、强基层、建机制"的医药卫生体制改革任务，要求建设覆盖城乡的公共卫生服务体系、医疗服务体系、医疗保障体系和药品供应保障体系，必将在推动医药卫生事业发展的同时，带动药品市场规模的增加，为药品流通行业带来新的机遇。

抓住机遇仍需面对诸多挑战。药品流通行业改革发展与国家医药卫生体制改革相辅相成，与用药制度设计密切相关，而医药卫生体制改革是一个复杂和渐进的过程。从外部环境看，改革与药品流通有关的体制机制，涉及行业管理体制的完善和重大利益格局调整，其进展状况在本规划期内存在一定程度的不确定性，全国统一市场的形成仍需克服地方保护等多种因素的影响。从内部看，药品流通行业基础薄弱，总体发展程度较低，管理水平、设备设施相对落后，人才匮乏，行业结构调整和实现转型发展仍有一定难度。

二、指导思想与总体目标

（一）指导思想

按照国民经济和社会发展"十二五"规划的总体要求，以科学发展观为指导，坚持以人为本，贯彻落实中央医药卫生体制改革精神，以加强政府政策引导、发挥市场机制基础性作用、强化现代科学技术和新型管理方式应用为基本原则，以深化体制机制改革、加快转变发展方式、形成全国统一市场为主线，充分发挥药品流通行业在服务医疗卫生事业发展、维护人民群众健康权益和促进经济社会和谐发展等方面的作用。

（二）总体目标

到 2015 年，全国药品流通行业的发展适应经济社会发展的总体目标和人民群众不断增长的健康需求，形成网络布局合理，组织化程度显著提升，流通效率不断提高，营销模式不断创新，骨干企业竞争力增强，市场秩序明显好转，城乡居民用药安全便利，以及满足公共卫生需要的药品流通体系。

具体发展目标：形成 1～3 家年销售额过千亿的全国性大型医药商业集团，20 家年销售额过百亿的区域性药品流通企业；药品批发百强企业年销售额占药品批发总额 85% 以上，药品零售连锁百强企业年销售额占药品零售企业销售总额 60% 以上；连锁药店占全部零售门店的比重提高到 2/3 以上。县以下基层流通网络更加健全。骨干企业综合实力接近国际分销企业先进水平。

三、主要任务

（一）加强行业布局规划，健全准入退出制度

制定行业布局规划。各地商务主管部门要会同相关部门，结合本地经济社会发展水平、医药卫生事业发展和体制改革进展、城乡建设规划、人口增长与密度和年龄结构变化、药品供应能力等实际，制订药品批发零售网点合理设置和布局的具体规划，保证药品供应。

完善准入退出机制。提高行业准入标准，将是否符合行业规划作为行业准入的重要依据，严格控制药品经营企业数量。加强日常监管和考核，建立退出制度，对违法违规和不遵守各项管理制度的企业要限期整改，严重的取消经营资格。

（二）调整行业结构，完善药品流通体系

提高行业集中度。鼓励药品流通企业通过收购、合并、托管、参股和控股等多种方式做强做大，实现规模化、集约化和国际化经营。推动实力强、管理规范、信誉度高的药品流通企业跨区域发展，形成以全国性、区域性骨干企业为主体的遍及城乡的药品流通体系。整合现有药品流通资源，引导一般中、小药品流通企业通过市场化途径并入大型药品流通企业。在兼并重组过程中要做好人员安置等工作，保证平稳过渡。

发展特色经营。支持老字号药店在保持传统优势的基础上创新发展，发挥品牌效应，拓展特色服务，增强核心竞争力。支持专业化和有特色的中、小药品流通企业做精做专，满足多层次市场需求。引导中、小药品流通企业采用联购分销、共同配送等方式，降低经营成本，提高组织化程度。

完善药品流通网络。配合医药卫生体制改革和基本药物制度实施，积极参加药品招标采购，做好药品配送。健全药品供应保障体系，鼓励建设一批全国性和区域性的药品物流园区和配送中心，加快形成若干具有较强辐射带动作用的药品流通枢纽。实施"放心药"服务体系建设工程，鼓励大中型骨干药品流通企业向居民社区和村镇延伸销售与配送网络，实现药品流通对基层的有效覆盖，提高农村和偏远地区药品供应的安全性、便利性。建立西药、中成药、中药材重点品种的市场运行信息监测、预警体系；鼓励市场中介组织开展药品销售渠道、消费结构和区域分布情况等信息服务，发挥政府信息和市场机制在完善流通网络中的引导作用。

保障药品应急供应。建立中药材重点品种储备制度。按照国家应急和战略储备的统一规划和部署，做好流通环节实物和资金的储备。根据各类突发事件的特点，建立相应的应急保障机制。

（三）发展现代医药物流，提高药品流通效率

以信息化带动现代医药物流发展。广泛使用先进信息技术，运用企业资源计划管理系统（ERP）、供应链管理等新型管理方法，优化业务流程，提高管理水平。发展基于信息化的新型电子支付和电子结算方式，降低交易成本。构建全国药品市场数据、电子监管等信息平台，引导产业发展，实现药品从生产、流通到使用全过程的信息共享和反馈追溯机制。

用现代科技手段改造传统的医药物流方式。鼓励积极探索使用无线射频（RFID）、全球卫星定位（GPS）、无线通讯、温度传感等物联网技术，不断提高流通效率，降低流通成本。促进使用自动分拣、冷链物流等先进设备，加快传统仓储、配送设施改造升级。完善医疗用毒性药品、麻醉药

品、精神药品、放射性药品和生物制品等特殊药品物流技术保障措施，确保质量安全。

推动医药物流服务专业化发展。鼓励药品流通企业的物流功能社会化，实施医药物流服务延伸示范工程，引导有实力的企业向医疗机构和生产企业延伸现代医药物流服务。在满足医药物流标准的前提下，有效利用邮政、仓储等社会物流资源，发展第三方医药物流。

（四）促进连锁经营发展，创新药品营销方式

加快发展药品连锁经营。鼓励药品连锁企业采用统一采购、统一配送、统一质量管理、统一服务规范、统一联网信息系统管理、统一品牌标识等方式，发展规范化连锁，树立品牌形象，拓展跨区域和全国性连锁网络，发挥规模效益。随着医药卫生体制改革深入和医药分开的逐步实施，鼓励连锁药店积极承接医疗机构药房服务和其他专业服务。

创新药品经营模式。鼓励批零一体化经营。鼓励药品零售企业开展药妆、保健品、医疗器械销售和健康服务等多元化经营，满足群众自我药疗等多方面需求。支持连锁经营、物流配送与电子商务相结合，提高药品流通领域的电子商务应用水平。鼓励经营规范的零售连锁企业发展网上药店。

（五）健全行业管理制度，规范药品流通秩序

制定完善与流通秩序有关的行业规范。会同有关部门研究制定药品批发企业营销人员、药品生产企业和代理企业医药代表的资质管理办法和行为规范，实行持证上岗和公示制度，保证依法依规销售药品和推广新药。完善药品购销管理制度，依法索取税票，保证经合法渠道经营药品。逐步实施药品流通企业分类分级管理制度，根据不同类别和等级，采取不同的管理措施，激励企业在规范经营的基础上改善服务设施，提升管理和服务水平。

打击违法违规行为。配合有关部门严厉打击经营假劣药品、商业贿赂、倒买倒卖税票、挂靠经营、非法经营网上药店、发布虚假药品和保健品广告等违法违规行为；整顿规范中药材市场，加强有害物质残留和质量检验。充分发挥12312商务行政执法投诉举报热线的作用，完善投诉举报的受理、处理、移送和反馈机制。发动各方面力量，加强对药品流通行业的社会监督。

（六）加强行业信用建设，推动企业诚信自律

推进全行业信用建设。加强全行业诚信和职业道德教育，广泛开展"诚信经营示范创建"活动，树立一批遵纪守法、诚实守信、管理规范、服务到位，能够积极履行社会责任，自觉接受监督的诚信经营典型。建立违法违规企业信息披露制度，在"商务领域信用信息系统"中归集企业信用信息，建立信用档案。推动部门间监管信息的公开和共享，实行信用分类监管。

建立行业自律机制。指导和鼓励行业协会制定和执行行规行约；维护正常价格秩序，防止垄断行为；探索建立对职业经理人、执业药师等人员从业行为信息的采集、记录、公开、共享等制度，对有违规失信行为的个人实行行业禁入；加强信用知识培训，帮助企业建立信用风险管理制度，开展行业信用评价，提高行业自律和信用水平。

（七）统筹内外两个市场，形成开放竞争的市场格局

搭建多功能服务平台。发挥政府部门和行业协会作用，建立药品交易、投融资合作、信息交流、政策发布等多层次、多功能平台，服务企业发展。发展医药会展经济，促进内外贸、中西药、产供销协调发展，加快国内外市场融合。

提高利用外资的质量和水平。优化投资结构，吸引境外药品流通企业按照有关政策扩大在境内投资，参与药品流通企业兼并重组，拓展分销业务；引导外资到中西部地区和中小城市发展。保护投资者的合法权益。学习借鉴国外先进管理经验和营销方式。

鼓励药品流通企业"走出去"。鼓励有条件的药品流通企业"走出去"，通过新建、收购、境外上市等多种方式，到境外开展业务，参与国际药品采购和营销网络建设，参与国际竞争。

（八）加强行业基础建设，提升行业服务能力

建立行业标准体系。结合行业特点和市场需求，借鉴国际先进经验，

建立药品流通业态分类分级、药品统一编码及现代流通设施与信息化、中药材商品等级、职业经理人与从业人员资质和岗位规范、企业经营服务、信用建设和社会责任等相关标准体系。

建立行业统计制度。合理确定行业统计指标，建立直报企业和行业主管部门及有关方面共同参与的全国药品流通行业统计制度与网上报送平台，及时掌握行业运行和发展的全面信息，辅助政府决策，引导行业发展。

完善法人治理结构，建立现代企业制度，健全管理运作机制。加强企业内部管理。药品流通企业是药品流通过程中质量安全的第一责任人，要完善法人治理结构，建立现代企业制度；健全药品购销索证索票、出入库及运输安全管理责任制；加强税票管理，积极与税务管理机关联网；落实各项财务会计管理规范和员工"三险一金"等各项规定和政策，保障员工教育经费。

提升经营服务水平。药品批发企业要提升药品品种保障能力，建立对客户需求的快速反应机制，保证药品及时、安全、足额供应。零售企业要按规定配备执业药师或相关药学技术人员，提高药品质量管理和药学服务水平，零售药店应当提供 24 小时服务；建立以消费者为中心的服务理念，指导消费者正确、安全、有效、合理用药。对药品流通企业设备设施、营业场所环境、售后服务等经营服务内容，以及各类从业人员专业能力、岗位责任、仪容仪表等，进行全面规范。

四、保障措施

（一）完善法律法规和政策体系

推动修改完善与药品流通有关的法律法规和部门规章，清理、废止阻碍药品流通行业改革发展和妨碍公平竞争的政策规定，健全市场机制。研究制订鼓励性政策措施，支持企业技术改造、科技创新，完善相关基础设施。在搞活流通、扩大消费的各项政策中，积极支持药品流通行业结构调整和药品供应保障体系建设。改善融资环境，鼓励企业利用产业基金、融资担保、信用保险、上市融资、应收账款和仓单质押等金融工具，多渠道筹集资金，加快改革发展步伐。有条件的地方应争取财政、土地、金融、专项资金等优惠政策，支持药品流通行业发展。避免重复建设大型药品物流设施。

（二）改善药品流通行业发展环境

会同相关部门积极推动改革以药补医体制，完善药品定价、采购和医保支付机制，破除地方保护、地区封锁。保障药品批发企业平等参与招标采购及配送业务，促进医疗机构依合同规定按期向流通企业支付货款。在公立医院改革和基本药物制度实施等医改措施中，积极探索实现医药分开的具体途径，在已实施基本药物制度、取消以药补医的基层医疗机构，特别是周边药品零售配套设施比较完善的城市社区医疗服务机构，可率先探索医生负责门诊诊断，患者凭处方到零售药店购药的模式。加快赋予所有符合条件的药店处方药销售资格。支持零售连锁企业和其他具备条件的零售药店申请医保定点资格，扩大基本医疗保险定点药店覆盖范围，逐步提高社会零售药店在药品终端市场上的销售比重。密切跟踪医药卫生体制改革各项政策实施对行业的影响，研究提出解决对策和措施。

（三）加强药品流通理论研究和人才队伍建设

鼓励大专院校、研究院所、大型药品流通企业集团加强现代药品流通理论研究与创新。建立国内药品流通人才培训机制，支持和鼓励药品流通职业培训和继续教育，形成层次多元、市场需要、企业欢迎的人才培养与职业教育体系；建立全国药品流通职业经理人和其他从业人员的资格认证制度；建立药品流通领域人才激励与约束机制。实施从业人员培训工程，"十二五"期间培训高级职业经理人2000人，中级职业经理人5000人，执业药师继续教育5000人，药学技术服务人员10000人，其他重点岗位20000人。

（四）形成促进药品流通行业健康发展的合力

将药品流通行业管理切实纳入商贸流通工作体系进行统筹规划，与深化医药卫生体制改革领导小组其他成员单位进行工作对接，建立沟通协调和合作机制。大力支持药品流通行业协会等中介组织的发展，加强协会的组织建设，增强服务意识，提高为企业服务的能力。充分发挥协会在行业统计、行业培训、行业自律、国际交流合作、维护企业合法权益等方面的作用。

（五）建立规划纲要的实施机制

各地商务主管部门应根据本规划纲要制订 2011~2015 年本地药品流通行业发展的具体规划。建立年度跟踪监督、中期评估和终期检查制度，加强对规划实施的监督检查，确保年度工作计划与规划协调一致。各项扶持政策的实施应符合规划确定的发展目标和重点领域。

模块四　就业前景

【学习目标】

知识目标：了解本专业的就业方向及发展前景。

技能目标：职业规划的意识，对未来的信心。

任务一　电子商务（医药）毕业生的就业方向

学生从电子商务（医药）专业毕业并取得相应的职业资格证书以后，可直接进入企事业单位就业，部分同学也可参加大学生村官、大学生参军、报考公务员、自主创业等其他项目。具体介绍如下。

一、直接就业

电子商务（医药）专业毕业生面对的企业主要是取得互联网药品信息服务资格和互联网药品交易服务资格的生物医药企业。主要是医药流通领域从事药品批发与零售的医药流通企业，其具体的工作岗位具体包括：医药网络营销员岗、电子商务业务员岗、客户服务岗、网页编辑岗及网站维护岗。此外，本专业学生也可以从事其他行业电子商务类岗位工作。

二、自主创业

为鼓励高校毕业生自主创业，以创业带动就业，财政部、国家税务总局发出《关于支持和促进就业有关税收政策的通知》，明确毕业生从毕业年度起3年内自主创业可享受税收减免的优惠政策。其中，高校毕业生在校期间创业的，可向所在高校申领《高校毕业生自主创业证》；离校后创业的，可凭毕业证书直接向创业地县以上人社部门申请核发《就业失业登记证》，作为享受政策的凭证。

（一）《高校毕业生自主创业证》发放对象和创业税收优惠政策享受流程

（1）《高校毕业生自主创业证》发放对象是毕业年度内在校期间创业的高校毕业生。其中，高校毕业生是指实施高等学历教育的普通高等学校、成人高等学校毕业的学生；毕业年度是指毕业所在自然年，即 1 月 1 日至 12 月 31 日。

（2）毕业年度内高校毕业生在校期间创业的，可持《高校毕业生自主创业证》向创业地县以上人力资源和社会保障部门提出认定申请，由创业地人力资源和社会保障部门核发《就业失业登记证》，一并作为当年及后续年度享受创业税收扶持政策的管理凭证。

毕业年度内高校毕业生离校后创业的，可凭毕业证书直接向创业地县以上人力资源社会保障部门提出认定申请。县以上人力资源社会保障部门在对有关情况审核认定后，对符合条件毕业生核发《就业失业登记证》，并注明"自主创业税收政策"。

（3）对持《就业失业登记证》（注明"自主创业税收政策"或附着《高校毕业生自主创业证》）毕业生从事个体经营（除建筑业、娱乐业以及销售不动产、转让土地使用权、广告业、房屋中介、桑拿、按摩、网吧、氧吧外）的，在 3 年内按每户每年 8000 元为限额依次扣减其当年实际应缴纳的营业税、城市维护建设税、教育费附加和个人所得税。

（二）《高校毕业生自主创业证》的申领程序和监督管理

（1）毕业年度内高校毕业生在校期间创业的，注册登录教育部大学生创业服务网（网址：http://cy.ncss.org.cn），按照要求在网上提交《高校毕业生自主创业证》申请。

（2）所在高校对毕业生提交的相关信息进行审核，通过后注明已审核，并在网上提交学校所在地省级教育行政部门审核。

（3）高校所在地省级教育行政部门依据学生学籍学历电子注册数据库对高校毕业生的身份、学籍学历、是否是应届高校毕业生等信息进行复核并予以确认。税务部门、人力资源社会保障部门、高校和学生本人都可随时查询。

（4）工作流程建议。应届毕业生在网上提交申请后，所在高校应在3~5个工作日之内完成网上审核；省级教育行政部门在接到高校提交的申请后3~5个工作日内完成审核；由高校自行打印并发放。原则上应在高校毕业生提交申请后10个工作日之内办结。

（5）规范管理。《高校毕业生自主创业证》由国家教育行政门部统一样式并印制（带防伪标志），按毕业生比例下发至各省级教育行政部门。省级教育行政部门负责分发到高校并在网上审核确认。《高校毕业生自主创业证》采用实名制，限本人使用；若遗失或损毁，高等学校应依申请及时补发、换发。

三、公务员

应往届毕业生可以参加国家或地方公务员考试，两者考试性质一样，都属于招录考试，但两者考试单独进行，相互之间不受影响。国家公务员考试一般在当年年底或下一年年初进行，地方公务员考试一般在3~7月进行，考生根据自己要报考的政府机关部门选择要参加的考试，一旦被录取便成为该职位的工作人员。具体公务员政策可参看国家公务员网的相关政策。

四、选调生

选调生是各省、自治区、直辖市党委组织部门有计划地从高等院校选调的品学兼优的应届大学本科及其以上的毕业生的简称，这些毕业生将直接进入地方基层党政部门工作。中国各省份对选调对象的要求条件差别较大，专科毕业生可以根据自己的实际情况，结合选调省份对选调对象的要求，报名参加相应考试。毕业生可以向所在学校就业中心、学工部咨询。

五、"三支一扶"计划

大学生在毕业后到农村基层从事支农、支教、支医和扶贫工作。该计划通过公开招募、自愿报名、组织选拔、统一派遣的方式进行落实，毕业生在基层工作时间一般为 2 年，工作期间给予一定的生活补贴。工作期满后，可以自主择业，择业期间享受一定的政策优惠。毕业生可以向所在学校就业中心、学工部咨询。

六、"大学生志愿服务西部"计划

国家每年招募一定数量的普通高等学校应届毕业生，到西部贫困县的乡镇从事为期 1～3 年的教育、卫生、农技、扶贫以及青年中心建设和管理等方面的志愿服务工作。该计划按照公开招募、自愿报名、组织选拔、集中派遣的方式进行落实。志愿者服务期间国家给予一定补贴，志愿者服务期满且考核合格的，在升学就业方面享受一定优惠政策。毕业生可以向所在学校就业中心、学工部咨询。

任务二　电子商务（医药）专业学生的继续深造

一、高等教育自学考试

（一）高等教育自学考试简介

天津市高等教育自学考试属国家学历考试。考生通过了专业考试计划规定的全部课程（含实践课程），并通过毕业论文（或毕业设计）且思想鉴定合格，由天津市高等教育自学考试委员会颁发并副署专业主考院校印章的高等教育自学考试毕业证书（专科或本科）。已取得本科毕业证书且符合申请学士学位条件者，可到专业主考院校申请办理学士学位。

天津市高等教育自学考试开考专业分为：面向社会开考专业、部门委托开考专业、职业技术专业、开放教育学院试点专业、合作开考专业及中英合作开考专业等类型。

天津市高等教育自学考试的学历课程考试，分别在 4 月和 10 月进行考试；合作开考专业及中英合作开考专业的证书课程考试全年开考两次，分别在 5 月和 11 月进行。考生应按照开考专业考试计划的要求进行报考，课程考试合格成绩记入考生考籍电子档案，不合格者可继续参加下一次考试。

（二）高等教育自学考试报考条件

（1）凡持有中华人民共和国居民身份证者，不受性别、年龄、民族和已受教育程度的限制，均可报名参加高等教育自学考试。

（2）对规定了报考条件的专业，考生须按有关规定报考。

（三）高等教育自学考试报考办法

考生（包括首次报考的新生）报考均采用网上报考的办法。考生需根据开考专业的要求，选择个人报考或集体报考的方式。报考请登录"招考资讯"网站（www. zhaokao. net）。

（1）报考"面向社会开考专业"、"合作开考专业（非证书课程）"的考生可由个人直接报考。

（2）报考" 部门委托开考专业"的考生须在规定时间到委托部门注册，由委托部门组织集体报考。

（3）报考"职业技术专业"、"开放教育学院试点专业"的考生须到所在的助学单位进行集体报考。

**（四）天津生物工程职业技术学院高等职业教育学生攻读天津
    医科大学药学专业本科自考专业的优惠政策**

（1）教学计划中 18 门课程中，只有 6 门课程需要参加国家组织的统一考试（药理、药事管理、药物化学、化学制药工艺、药用植物与生药、临床药物治疗），这 6 门功课在助学期间的出勤和作业等成绩计入平时成绩，占总分的 40%，考试成绩占 60%，通过率高；其他课程采取不同的学习方式完成。比如政治类课程（马克思主义哲学、近代史）免考。

（2）实验课（药物分析实验、药物化学实验、药剂实验、药理实验）在我校实验室完成。

（3）互认课程（营销、药物分析、药剂、数理统计、分子生物学）以大专老师授课给出的成绩记入本科成绩，英语课程，被列为网上验收课程，成绩由两部分组成，大专成绩占50%，网上验收考试成绩占50%，网上验收考试前，有针对性网上联系课程，学生可在网上自己主动学习，取得满意成绩。

（4）平均分70分以上，通过学位办的学位英语考试，论文成绩良好80分以上，满足这3个条件的同学可获得天津医科大学授予的药学学士学位证书。

以上政策仅供参考，具体政策以当年自考办公布为准。

二、成人高等教育

成人高考属国民教育系列，列入国家招生计划，国家承认学历，参加招生全国统一考试，各省、自治区统一组织录取。考试分高中起点升成教专科（简称高起专）、高中起点升成教本科（简称高起本）和普通专科起点升成教本科（简称成教专升本）3个层次。成人高等教育的授课方式分为脱产、业余及函授3种形式，考生应根据自身的情况来选择适合自己的学习形式。

电子商务（医药）专业学生在专科毕业后，可以通过成人高考，进一步提高自身的学历。目前天津生物工程职业技术学院成教部负责成人招生工作，分别建有沈阳药科大学天津函授站和中国药科大学天津函授站两个函授站，同学们可以报考的专业有：市场营销、药学和中药学等专业。

三、普通高等教育

普通教育是和成人教育相对应的概念，两者的区别主要在于教育对象和学习形式的不同。普通教育的对象主要是处于成长阶段的青少年，采取全日制教学形式；成人教育的对象顾名思义是成年人，一般实行非全日制教学。

普通教育的任务通常由实施普通教育的学校（称为普教性学校）承担，普通教育学校分为普通基础教育学校、职业教育学校和普通高等学校，均实行全日制教学。普通基础教育分为幼儿教育、小学教育、初中教育和高中教育，其中包括对残疾儿童、少年、青年的特殊教育和非常生的工读教育；职业教育包括普通中等专业教育、职业高中教育、技工教育和高等职业教育（普通高职也属于普通高等教育）。普通高等教育指主要招收高中毕业生进行全日制学习的学历教育，是"中国高等教育储干培养计划"最具权威的措施之一，也是"中国高等教育高层次人才培养方案"的主要措施。

（一）高职升本科招生情况

为了提升高等职业教育层次，满足优秀高职（专科）毕业生继续深造的愿望，从 2001 年开始，天津市进行从高职（专科）毕业生中选拔优秀学生进入普通高等学校本科继续学习（高职升本科）的招生试点工作。几年来，历经多次改革调整，不断优化服务，凸显高职特色，已经形成了一套完备而行之有效的选拔录取机制。实践证明，高职升本科招生是加快天津市高等教育的改革和发展，构架高等职业技术教育通向普通高校本科教育立交桥的有益探索。

（二）高职升本科的报考条件

遵守中华人民共和国宪法和法律、身体健康状况符合国家有关规定的下列人员可以报考：一是参加普通高校招生统一考试（含秋季高考、春季高考、五年制招生，下同）且被天津市普通高校或高职学院录取的应届高职高专毕业生；二是参加普通高校招生统一考试且被普通高校或高职学院录取、具有本市正式户口的往届高职高专毕业生；三是参加普通高校招生全国统一考试被外省市高职高专院校录取的天津籍应届高职高专毕业生。

（三）专业考试报名程序

高职升本科招生分为专业考试和文化考试两部分，其专业考试的报考程序如下。

第一，报名资格审查。考生携带身份证、毕业证（学生证）及复印件等相关证件到报名单位（天津市应届高职高专毕业生到学籍所在学校，被外地院校录取的天津籍应届高职高专毕业生及天津市往届高职高专毕业生须就近到有关区招办）接受资格审查。被外地院校录取的天津籍应届高职高专毕业生须持有学籍所在学校开具的报考资格证明信（注明入学时间、毕业时间和参加高考时考生本人的考生号）。

第二，领取报名资格证明信。由各报名单位赋予考生考生号，为其开具报考资格证明信。其办理时间一般在当年1月份。

第三，履行专业考试报名手续。考生携带身份证、毕业证（学生证）、带有考生号的报考资格证明信及招生院校要求的其他相关证件，按照招生院校的具体时间和要求，到拟报考的院校办理专业考试报名手续。

各招生院校专业考试报名从当年1月陆续开始，具体时间和要求考生要参阅院校的招生章程。

（四）接受往届生、外地天津籍应届毕业生的报名地点

根据天津市高职升本科招生工作安排，往届高职高专毕业生及被外地院校录取的天津籍应届高职高专毕业生可以就近选择和平区、河东区、河西区、南开区、河北区、红桥区、西青区、北辰区、塘沽区、大港区、武清区和海滨教育中心招办办理资格审查手续，开具报考资格证明信。

（五）考生参加专业考试的规定和要求

专业考试由招生院校负责组织，专业考试科目由招生院校确定，满分为200分。专业考试的内容、办法及专业考试合格分数线的划定，由招生院校根据培养要求确定。考生可以参加一所或两所招生院校组织的专业考试。需要注意的是，参加两所招生院校专业考试时须使用同一报考资格证明信，以确保本人考生号的惟一。

招生院校应在2月底以前将考生专业考试成绩和专业考试是否合格通知考生本人，凡未按规定参加院校的专业考试或专业考试不合格的考生，招生院校将不予录取。

（六）文化考试报名程序

凡专业考试合格的考生，均须按照规定的时间办理文化考试报名手

续。文化考试报名采取网上报名、现场确认报名信息的方式。

网上报名时间一般在 2 月底到 3 月初。考生可登录招考资讯网（www. zhaokao. net），进入"天津市高职升本科招生文化考试网上报名系统"，按照网页的提示，录入考生号、个人报名信息及志愿信息。确认无误后提交。

已进行网上报名的考生须按照规定的时间到领取专业考试报名资格信的报名点进行电子摄像，交验相关资格证件，办理相关确认手续。

（七）文化考试科目、考试方式和要求

高职升本科招生分为文科和理科两大类，文科类考试科目为语文基础、外语、计算机应用基础；理科类考试科目为高等数学、外语、计算机应用基础。

文化考试安排在 4 月上旬进行，考试方式为闭卷、笔试，各科考试时间均为 120 分钟，各科满分为 150 分，总分 450 分。各科考试均为主观卷与客观卷分卷考试。

考试时，考生须持身份证、考生证、考试用条形码到指定地点参加文化考试。各科考试具体要求见《天津市高职升本科招生统一考试考试大纲》（2005 年 8 月版）。

（八）报考外语类院校（专业）的考生须参加英语听说测试

凡报考外语类专业的考生，须参加全市统一组织的英语听说测试，测试成绩以满分 20 分记入录取总分。参加测试的考生须在文化考试报名时办理报考手续。测试时间在 4 月中旬。考生凭考生证、测试通知单、身份证到指定考点参加测试，测试成绩由市高招办在公布考生文化考试成绩时一并通知考生。

（九）考生填报志愿安排及志愿设置

考生在办理文化考试报名手续时，填报院校志愿。高职升本科招生设置了两个院校志愿，分为 A 院校志愿、B 院校志愿。考生可根据本人专业考试情况填报一所或两所院校志愿。

（十）招生录取方式和规则

高职升本科招生录取以招生院校依法自主录取、市高招办管理、监督、服务的方式进行。招生院校根据招生章程中的各项规定，按照志愿，将报考本校考生的专业课成绩和文化考试成绩相加的总分进行排序（排序时，院校视 A、B 志愿考生为同一志愿），德、智、体全面衡量进行录取。当考生同时符合 A 志愿院校和 B 志愿院校录取标准，按照规定考生被 A 志愿院校录取，B 志愿院校不再录取。

录取结束后，各招生院校将有关招生录取信息向考生公示，接受社会监督，并负责考生的咨询信访工作和招生录取遗留问题的处理。

（十一）新生入学后，录取院校复查主要内容

新生入学后，院校要按有关规定对其是否符合入学条件进行复查。复查的主要内容是新生的身体健康状况和学历证书等。

高职升本科招生不单独组织考生进行体检，凡身体不符合有关规定条件或有舞弊行为的，招生院校取消其入学资格。

凡未取得高职高专毕业证书的新生，招生院校取消其入学资格。对于徇私舞弊以及违反有关法纪的考生，招生院校要将情况及时报告有关部门，并视情节轻重追究有关人员的责任。

附录　电子商务师职业标准

1 职业概况

1.1 职业名称

电子商务师

1.2 职业定义

利用计算机软硬件技术和网络技术从事商务活动或相关工作。

1.3 职业等级

本职业共设四个等级，分别为该职业共设四个等级，分别为：电子商务员（国家职业资格四级）、助理电子商务师（国家职业资格三级）、电子商务师（国家职业资格二级）和高级电子商务师（国家职业资格一级）。

1.4 职业环境

室内、室外、常温。

1.5 职业能力特征

非常重要	重要	一般	不重要
学习能力	*		
表达能力		*	
计算能力		*	
空间感			*
形体知觉			*
色觉		*	
手指灵活性		*	
手臂灵活性			*
动作协调性			*

1.6 基本文化程度

高中毕业。

1.7 培训教材

该职业培训鉴定使用劳动和社会保障部培训就业司指定的《电子商务师国家职业资格培训教程》，该教材由劳动和社会保障部中国就业培训技术指导中心组织编写，中央广播电视大学出版社出版。

1.8 鉴定要求

1.8.1 适用对象

从事或准备从事电子商务应用、网站建设与维护、安全、营销、支付、配送、策划等活动的相关工作人员。

1.8.2 申报条件

——电子商务员（具备以下条件之一者）

（1）在本职业见习工作1年以上，经本职业正规培训达规定标准学时数，并取得毕（结）业证书者。

（2）取得经劳动保障行政部门审核认定的、以中级技能为培养目标的中等以上职业学校本职业（专业）毕业证书者。

——助理电子商务师（具备以下条件之一者）

（1）取得本职业电子商务员职业资格证书后，连续从事本职业工作1年以上，经本职业助理电子商务师正规培训达规定标准学时数，并取得毕（结）业证书者。

（2）取得经劳动保障行政部门审核认定的、以高级技能为培养目标的高等职业学校本职业（专业）毕业证书者。

（3）取得本职业大专以上（含大专）毕业证书者。

——电子商务师（具备以下条件之一者）

（1）取得本职业助理电子商务师职业资格证书后，连续从事本职业工作2年以上，经本职业电子商务师正规培训达规定标准学时数，并取得毕（结）业证书者。

（2）取得本职业助理电子商务师职业资格证书后，连续从事本职业工作 5 年以上。

——高级电子商务师（具备以下条件之一者）

（1）取得本职业电子商务师职业资格证书后，连续从事本职业工作 3 年以上，经本职业高级电子商务师正规培训达规定标准学时数，并取得毕（结）业证书者。

（2）取得本职业电子商务师职业资格证书后，连续从事本职业工作 6 年以上者。

1.8.3 鉴定的方式

电子商务师的鉴定考核分为理论知识考试和操作技能考试，全部采用上机考试。该职业的考核采用过程式模块测验与终结式综合考试相结合的方式进行。过程式模块测验即在培训过程中考生每完成一个阶段的模块培训后需参加的阶段模块测验（包括知识和技能两部分）；终结式综合考试即在培训完成后，各模块测验成绩均合格的考生参加的全国统一的综合性质的考试（包括知识和技能两部分）。

1.8.4 鉴定时间

过程式模块测验由培训鉴定机构在各省级鉴定中心的领导下根据培训进度组织，终结式综合考试采用全国统考方式，在每年的二、四、六、八、十、十二月的最后一个星期日（遇法定节假日往后顺延 1 周）进行。电子商务员的理论知识考核时间为 8：30～10：00，操作技能考核时间为 10：30～12：00；助理电子商务师的理论知识考核时间为 8：30～10：00，操作技能考核时间为 10：30～12：30。

1.8.5 鉴定场地设备

（1）经劳动部认证的标准教室：用于理论知识考试；

（2）具有计算机系统及网络系统等教学设备和软件的实验室：用于技术能力考试。

2 基本要求

2.1 职业道德

2.1.1 职业道德基本知识

2.1.2 职业守则

（1）遵纪守法，敬业爱岗，具有良好职业道德，严守保密制度。

（2）实事求是，工作认真，精研业务，尽职尽责，具有团队精神。

2.2 基础知识

2.2.1 计算机与网络应用知识

（1）计算机硬件基本组成

（2）计算机应用软件基础知识

（3）计算机操作系统应用基础知识

（4）计算机网络（因特网）应用基础知识

2.2.2 电子商务基础知识

（1）电子商务的概念、分类、现状与特点

（2）电子商务基本业务流程

2.2.3 网络营销基础知识

（1）网络营销主要方法

（2）网络商务信息的收集与整理

2.2.4 电子文件基础知识

（1）电子支付的概念

（2）电子支付流程

（3）电子支付工具

2.2.5 电子商务安全基础知识

（1）计算机安全使用知识

（2）电子商务安全管理制度

3 工作要求

本标准对电子商务员、助理电子商务师、电子商务师、高级电子商务师技能要求依次递进，高级别包括低级别的要求。

3.1 电子商务员

职业功能	工作内容	技术要求	相关知识
一、网络使用	（一）基本网络工具使用	1. 能够使用一种浏览工具 2. 能够使用电子邮件工具 3. 能够进行网上表单操作	1. 网络基础知识 2. 表单基础知识 3. EDI 基础知识 4. 电子商务英语（入门）
	（二）网页制作	1. 能够运用常用的网页制作工具 2. 能够完成静态网页制作	1. 网页制作方法 2. 网站维护方法
	（三）基本安全技术	1. 能够有效使用一种防病毒软件 2. 能够及时更新防病毒软件	网络文件下载方法
二、网络营销	（一）网络商务信息采集	1. 能够使用一种网络检索工具采集信息 2. 能够运用电子邮件收集客户信息 3. 能够对网络信息进行初步分类整理	网络信息的收集与整理方法
	（二）网上商务信息发布	1. 利用电子邮件发布商务信息 2. 在其他网站上发布网络广告	1. 网络信息的发布方法 2. 网络广告发布方法
三、电子交易	（一）电子支付	能够使用常用的电子支付工具完成电子支付	信用卡、借记卡、电子支票等使用知识
	（二）交易安全	能够在电子支付中安全使用密码	1. 密码基础知识 2. 电子商务法律基础知识

3.2 助理电子商务师

职业功能	工作内容	技术要求	相关知识
一、网络使用	（一）网络工具使用	1. 能够使用多种浏览工具，排除常见故障 2. 能够使用群发邮件系统发送信息 3. 能够使用电子公告板（BBS）进行信息交流 4. 能够使用远程登录（TELNET）访问其他网站 5. 能够使用文件传输（FTP）收发文件 6. 能够完成文件的压缩与解压缩 7. 能够存取、更新数据库中的信息	1. 常见网络工具的配置与使用 2. 数据库使用基础知识 3. 电子商务英语（初级）

续表

职业功能	工作内容	技术要求	相关知识
一、网络使用	（二）网页制作	1. 能够使用 HTML 语言 2. 能够在网页中插入动画、表单 3. 能够实现超文本链接 4. 能够使用一种软件编辑图像	1. 网页内容设计知识 2. 网站制作方法 3. HTML 基础
	（三）基本安全技术	1. 能够有效使用多种防病毒软件 2. 能够及时更新防病毒软件	1. 病毒防治基础知识 2. 防火墙基础知识
二、网络营销	（一）网络商务信息采集与处理	1. 能够使用多种网络检索工具采集商务信息 2. 能够对商务信息进行日常处理 3. 能够通过网络进行单一目的的市场调研 4. 能够撰写商情分析报告	1. 网络商务信息的概念和特点 2. 网络商务信息的分级 3. 网络商务信息收集的基本要求 4. 网络商务信息的加工处理 5. 电子商务商情分析报告范例
	（二）网上商务信息发布	1. 能够使用多种网络工具发布商务信息 2. 能够在其他网站上发布商务广告	1. 不同网络工具的特点 2. 网络广告的特点 3. 网络广告的发布
	（三）网络促销	1. 能够根据栏目设计要求进行内容编辑 2. 能够更新商务信息 3. 能够将自己的网站登录到其他搜索引擎上 4. 能与其他网站进行互换链接操作 5. 能够使用一种网上商店生成系统建立网络商店	1. 网络站点促销的基本理念 2. 商务网站的建设要求 3. 实现网络站点较高访问率的方法
三、电子交易	（一）电子合同	1. 能够进行电子合同系统操作 2. 能够进行电子合同的身份认证、电子签字的操作	1. 电子支付基础知识 2. 身份认证操作过程 3. 电子签名基础知识
	（二）电子支付	1. 能够使用多种电子支付工具完成电子支付 2. 能够严格按照保密规定在电子支付中使用密码	1. 电子支付与传统支付的联系与区别 2. 电子支付的安全协议

3.3 电子商务师

职业功能	工作内容	技术要求	相关知识
一、网站功能及内容	（一）网站功能设计	1. 能够根据电子商务网站的整体规划进行网站功能设计 2. 能够撰写功能设计的实施方案	1. 电子商务网站设计知识 2. 电子商务网站投资概算 3. 电子商务英语（中级）
	（二）网站内容实施	1. 能够制定网站内容建设的工作流程 2. 能够筛选、审批信息内容 3. 能够对数据库内容进行分析	1. 电子商务网站效益分析 2. 网络数据库基础知识
二、网络营销	（一）市场调研	1. 能够利用网络手段根据企业经营目标制定市场调研计划 2. 能够组织实施网上市场调研 3. 能够指导商情分析报告的撰写工作	1. 网络营销对象分析 2. 网络营销目标市场定位 3. 网络营销分析渠道的选择 4. 电子商务商情分析基础知识
	（二）网络促销策划	1. 能够根据企业目标制定网站推广计划 2. 能够策划多种类型的网站促销活动 3. 能够分析评估网站促销活动的效果	1. 针对购买动机的促销方法 2. 针对购买过程的促销方法 3. 针对不同环境的促销方法
	（三）网络采购	1. 能够制定网上采购流程 2. 能够组织实施网上采购	1. 企业 B2B、B2C 交易模式 2. 网络交易中心交易流程
	（四）客户服务	1. 能够根据企业目标选择网站客户服务系统 2. 能够实施网站客户服务流程 3. 能够根据客户反馈意见撰写客户需求分析报告	网络客户服务基础知识
三、物流配送	物流配送	1. 能够根据企业的产品特点设计电子商务物流配送的模型 2. 能够正确选用电子物流配送系统	1. 物流配送基础知识 2. 商业物流知识 3. 企业物流知识 4. 配送中心物流知识
四、网站管理	网站运行管理	1. 能够完成域名申请的全过程 2. 能够处理网站运行中的常见故障 3. 能够对网站运营状况提出评估报告 4. 能够提出网站运营管理制度	网站运营管理知识
	网络安全管理	1. 能够提出网络安全和电子商务交易安全的管理制度 2. 能够发现电子商务商情，报告涉及本网站权益有关问题，提出处理建议	1. 电子商务安全技术知识 2. 网络安全和电子商务交易安全的管理制度 3. 相关法律、法规基础知识

3.4 高级电子商务师

职业功能	工作内容	技术要求	相关知识
一、网站功能及内容	（一）网站功能设计	1. 能够提出电子商务网站的整体规划 2. 能够进行网站功能设计 3. 能够指导功能设计实施方案的编写 4. 能够对网站技术产品评估选择	1. 电子商务网站规划方法 2. 网站软硬件产品知识 3. 网站产品选型 4. 企业业务流程 5. EDI 基本原理与使用方法 6. 电子商务英语（高级）
	（二）网站内容实施	1. 能够指导网站内容建设 2. 能够正确理解和执行国家有关电子商务法律法规	1. 网站内容建设的基本要求 2. 有关法律法规
二、网络营销	（一）营销目标决策	1. 能够从经营和信息两个角度分析企业传统经营活动和网络营销活动 2. 能够分析行业发展趋势 3. 能够把握网站建设的技术发展方向 4. 能够提出网站经营目标决策方案 5. 能够提出企业局域网与因特网的集成方案	1. 企业信息分析方法 2. 企业经营分析方法 3. 企业基本决策理论与方法 4. 网络规划知识
	（二）市场调研	1. 能够协调网站市场调研活动 2. 根据商情分析报告提出决策意见	网络商情分析技术
	（三）网络促销	1. 能够提出网络促销方案 2. 能够改进和完善网站的营销方案	网络营销解决方案
	（四）客户服务	1. 能够构建网站客户服务系统 2. 能够设计网站客户服务流程 3. 能够处理网络交易中的一般纠纷	1. 网络客户服务的要求 2. 网络交易纠纷解决的方法
三、网站管理	（一）网站运营管理	1. 能够对网站运行进行全面评价 2. 能够制定网站运营管理制度 3. 能够监督控制网站的正常运营	电子商务日常维护制度
	（二）网络安全管理	1. 能够提出网站安全运行的整体规划 2. 能够制定电子商务交易安全的管理制度 3. 能够运用有关法律法规保护企业权益	1. 电子商务交易安全制度 2. 保密制度，跟踪、审计、稽核制度，病毒防范制度，应急措施的内容 3. 电子商务交易安全的法律保护

续表

职业功能	工作内容	技术要求	相关知识
三、网站管理	（三）网站人力资源管理	1. 能够配置网络工作岗位 2. 能够合理安排网站工作人员 3. 能对网站初中级人员进行培训	1. 人力资源管理知识 2. 企业员工培训方法

4 比重表

4.1 电子商务员

理论知识

项目		比重（%）
基本要求	职业道德	20
	基础知识	
相关知识	网络使用知识	60
	网络营销知识	10
	电子交易知识	10

技能操作

项目		比重（%）	
职业功能	工作内容	比重	小计
网络使用	基本网络工具使用	35	60
	网页制作	15	
	基本安全技术	10	
网络营销	网络商务信息采集	10	20
	网站设备信息发布	10	
电子交易	电子支付	15	20
	交易安全	5	

4.2 助理电子商务师

理论知识

项目		比重（％）
基本要求	职业道德	20
	基础知识	
相关知识	网络使用知识	40
	网络营销知识	20
	电子交易知识	20

技能操作

项目		比重（％）	
职业功能	工作内容	比重	小计
网络使用	网络工具使用	20	45
	网页制作	15	
	基本安全技术	10	
网络营销	网络商务信息采集与处理	15	40
	网上商务信息发布	15	
	网络促销	10	
电子交易	电子合同	5	15
	交易支付	10	

4.3 电子商务师

理论知识

项目		比重（％）
基本要求	职业道德	30
	基础知识	
	外语知识	
相关知识	网络应用知识	10
	网络营销知识	25
	电子商务交易知识	20
	电子商务网站管理知识	15

技能操作

项目		比重（%）	
职业功能	工作内容	比重	小计
网络功能及内容	网络功能设计	10	20
	网站内容实施	10	
网络营销	市场调研	15	50
	网络促销策划	20	
	网络采购	10	
	客户服务	5	
物流配送	物流配送	15	15
网站管理	网站运营管理	10	15
	网站安全管理	5	

4.4 高级电子商务师

理论知识

项目		比重（%）
基本要求	职业道德	30
	基础知识	
	外语知识	
相关知识	网络应用知识	10
	网络营销知识	15
	电子商务交易知识	20
	电子商务网站管理知识	25

技能操作

项目		比重（%）	
职业功能	工作内容	比重	小计
网站功能及内容	网站功能设计	10	20
	网站内容实施	10	

续表

项目		比重（%）	
网络营销	营销目标决策	15	50
	市场调研	20	
	网络促销	10	
	客户服务	5	
物流配送	物流配送	15	15
网站管理	网站运营管理	5	15
	网站安全管理	5	
	网站人力资源管理	5	